GRAMÁTICA DEL SUEÑO

Diana Ávila (San José, 1952)

Estudió Filología y Artes Dramáticas en la Universidad de Costa Rica.
Fundó y participó en el grupo de teatro experimental Tierranegra
y en el grupo de poetas Oruga. Trabajó durante varios años en San
José, Lisboa y Ámsterdam como editora-traductora para la agencia
de noticias Inter Press Service. Su libro *El sueño ha terminado* obtuvo
el primer lugar en un certamen centroamericano y *Contracanto*
fue finalista en el Premio Casa de las Américas. Su poesía ha sido
traducida a varios idiomas y se encuentra en numerosas antologías y
revistas literarias.

Su obra poética incluye los libros *El sueño ha terminado* (1976),
Contracanto (1981), *Mariposa entre los dientes* (1991) y *Cruce de
vientos* (2005).

DIANA ÁVILA

GRAMÁTICA DEL SUEÑO

poesía reunida (1976-2012)

Premio Nacional
Aquileo J. Echeverría
Poesía
2013

Ávila Solera, Diana

Gramática del sueño. Poesía reunida (1976-2012) / Diana Ávila Solera. -1ª ed. – San José: Encino Ediciones, 2022.

280 p.; 21x14 cm.

ISBN 978-9930-581-47-6

1. Poesía. 2. Literatura costarricense. I. Título.

© de esta edición, Encino Ediciones, 2022
San José, Costa Rica
encinoediciones@gmail.com

Portada: Pablo Fernando
Dibujos de la autora, excepto los del libro
Cruce de vientos, de Marisel Jiménez.

ISBN 978-9930-581-47-6

Primera edición, 2022
Primera reimpresión, 2024

Para Nina

LA MIRADA INTUITIVA DE DIANA ÁVILA

Mía Gallegos

Desde finales de la década de los años sesenta y principios de los setenta, se abría paso la juventud como una gran fuerza renovadora en distintas partes del mundo y Costa Rica no fue la excepción. Y no fue la excepción nuestro suelo, a donde siempre llegan tardíamente los movimientos literarios y artísticos, porque precisamente esa poderosa energía de los jóvenes se manifestó en las calles de un San José todavía rural que empezaba a crecer en urbanismo. Esa fuerza juvenil también invadió las prácticas artísticas. Y, unido a ese ímpetu, otro giro surgió: la lucha y la inserción de la mujer en todos los ámbitos y en los más diversos quehaceres de la vida nacional.

Fue así como las jóvenes mujeres de aquellos años le dieron un impulso innovador a la poesía costarricense. En 1976 se publicó el poemario *El sueño ha terminado*, de Diana Ávila Solera, al obtener el primer lugar en el certamen centroamericano de poesía convocado por el Ministerio de Cultura, Juventud y Deportes de nuestro país en celebración del Año Internacional de la Mujer.

Y a partir de esta década es necesario hablar de giros, cambios y rupturas. Precisamente uno de los cambios que se dieron en la poesía está plasmado en la creación de Diana Ávila, cuyo estilo va a sobresalir a partir de la publicación de su primera obra. Intento, a través de este texto, apuntar en qué sentido la obra de esta poeta se va a sostener en la literatura costarricense.

Pocos años atrás, había muerto en México nuestra Eunice Odio, y justamente es en la década de los años setenta que los costarricenses empezamos a descubrir una especie de joya que se nos fue por el río de la gazmoñería, la incomprensión y quizás, aunque sea detestable decirlo, la falta de densidad cultural para comprender a una poeta hermética y profunda que tuvo que enraizarse en una tierra más feraz para poder crear una poética de máxima calidad.

Porque es ahí, con la naciente poesía de Diana Ávila, donde se marca un despertar. Pero cabe preguntarse qué expresó ese yo lírico, qué insinuó, qué realizó en la palabra para que tantos años después, y ahora que de manera crítica releo ese primer libro, haya hecho visible un sacudir.

EL SUEÑO HA TERMINADO

Empiezo por el título, *El sueño ha terminado*, que nos habla de una toma de conciencia: si despertamos entramos de súbito a otro estado mental. Vemos la realidad, los objetos, nos vemos a nosotros mismos y miramos el entorno.

Sin embargo, este despertar no nos va a trasladar a un mundo de escenarios concretos, aun cuando en ocasiones las palabras, y en especial los sustantivos que utiliza la poeta, se refieran a cosas o animales. No; su mirar es hacia lo que está presente y que ella, de manera mágica, aviva por medio de la transfiguración poética. Y en el caso de Diana en particular, es necesario referirse al matiz, al modo de ver, porque la voz, la auténtica voz emana como un susurro o una corriente de agua apenas perceptible.

Y aquí evoco a Gastón Bachelard en su obra *Poética de la ensoñación*, cuando advierte que en la producción de muchos vates concurren unidas la memoria y la imaginación. Como éste es el proceso que realizó Diana en su poesía, me detendré a señalar cómo fue que ocurrió esta síntesis, y lo que yo modestamente intuyo recreó *desde* y *en* su psique.

Me detengo unos instantes nuevamente en el título: *El sueño ha terminado*. Podría pensarse que la poeta nos va a mostrar su infancia, pero lo que ella retoma de esa época no son los acontecimientos sino la mirada con la que fue concibiendo un mundo de imágenes, de memorias y de imaginación. Esta es la síntesis que elabora y que transforma en lenguaje poético.

De esa mirada intuitiva —tal es la visión con que capta el entorno la escritora— es necesario observar la manera inmediata en que va nombrando. Designa, entre muchos objetos, a los insectos. Esa mirada, que ya he identificado, se asoma a flor de tierra, es el atisbo que hace una niña cuando fija su atención en esas figuras vivas y movibles que se quedarán ahí de manera indeleble para, posteriormente, pasar a formar las visiones que plasma el yo lírico.

Es en esa unidad que se conforma entre los objetos que acompañaron la infancia y el despliegue imaginario que brota después, donde Diana Ávila va a realizar un proceso sintético, tal y como lo expresa en un poema: *me gusta desplegar mi cuerpo al aire antes de que el sueño se encoja en el cuarto y lleguen las hormigas a verme gatear en la ventana.* Como puede observarse, este fragmento hace alusión a la infancia y, de manera asombrosa y mágica, no es ella quien observa a las hormigas, más bien ocurre el proceso inverso.

En el poema *Mielancolía*, dedicado "a un gato", Diana escribe: *Eras el niño de la nada/ eras el charco de las olominas de colores.* La poeta une constantemente el recuerdo con la imaginación. Remato este aspecto con Bachelard cuando se refiere a los sueños de infancia y dice que esos universos de la felicidad tienen verdadero valor de arquetipo, ya que son modelo de la felicidad simple. No sea crea que la poesía de Diana Ávila es simplista o fácil. En modo alguno; su hallazgo es observar la compleja realidad y llevarla al papel de un solo trazo, tal cual lo haría un maestro zen.

Diana Ávila pertenece, según han señalado algunos críticos, entre ellos Carlos Francisco Monge, a la segunda generación de posvanguardia. Monge se ha referido al hecho de que los poetas que surgen en esta segunda etapa proponen en sus obras una reorganización del sentido del entorno inmediato con otro lenguaje. Lenguaje que es distinto al del realismo poético que imperó en la década de los años sesenta, y que tuvo entre sus representantes a Leonor Garnier, Alfonso Chase, Jorge Debravo y Laureano Albán, entre otros.

Además de la imaginación —mezclada con las memorias— y la espontaneidad, hay en este primer libro una búsqueda dentro de sí misma. Al parecer, el ambiente produce tal sentimiento de incertidumbre que es mejor abismarse, preguntarse y darles cabida a otras emociones. Es así como en un poema sin título dice: *me da miedo saber cosas de mañana/ no comprendo/ qué es mañana/ no puedo ser para después/ ayudame a llegar hasta mí misma/ a encontrarme ahora/ ayudame con tu risa y tu silencio/ a comprender la esperanza/ debo no ser palabra sino esa mujer que se alcanza/ y se destruye y se levanta/ si pudiera correr como si nada/ si pudiera encontrar algo que me volviera al revés/ palabrasmalditaspalabras!*

Esta primera obra de Diana Ávila marca un giro con respecto a la poesía de las décadas anteriores en el país, por el predominio de un lenguaje espontáneo, desenfadado, absolutamente reñido con el intelectualismo, en donde el mayor logro es el proceso sintético entre la memoria, la imaginación y la mirada poética, intuitiva.

CONTRACANTO

Publicado en 1981, *Contracanto* es el segundo poemario de Diana Ávila. Con él obtuvo mención honorífica en el Certamen UNA PALABRA, organizado por la Escuela de Literatura y Ciencias del Lenguaje y el Departamento de Filosofía de la Universidad Nacional.

En este poemario la poeta va a lograr una mayor síntesis que en el primero. Para muestra de ello, me remito al primer poema: *hay un pequeño sol/ un sol petrificado/ en la herida/ un pequeño agujero luminoso.*

Dos características importantes se expresan en este tomo: la primera es el carácter espontáneo que tiene la mayoría de los poemas, y la segunda es la atmósfera surrealizante que está presente con más fuerza aún que en el primer libro.

Podría pensarse que el carácter espontáneo de la poesía de Ávila no pasa por un proceso de reflexión; no obstante, es la perspectiva intuitiva la que delinea esta inmediatez, una inmediatez con la que se capta el ambiente. Tal como lo expresé antes, Diana escribe con el diestro trazo de un maestro zen.

A continuación transcribo un poema en donde la atmósfera surrealista se despliega: *un caballo comienza a ladrar en un pétalo de tus orejas/ el corazón se confunde/ se pierde sonámbulo en la noche/ se queja/ de los niños heridos por la luna/ mientras busca señales de ternura/ en las piedras.*

Tal y como lo señala Monge en sus estudios críticos, esta segunda generación de posvanguardia va a reelaborar temáticas que estuvieron presentes en los poetas de la década de los años sesenta. Es así como el tema social está presente en este libro. En distintos poemas, Ávila observa la realidad urbana, como en el texto que a continuación se transcribe: *hablando con el chiquillo enfermo que vende periódicos/ con un ojo muerto/ quedé perdida en su esqueleto flaco/ oyendo palabras inútiles/ llorando con cada poro/ en cada poro de la calle/ gritó en silencio sálvenme/ y nadie oye/ de un hachazo me vino/ la necesidad de volar en pedazos/ cortar cabezas y edificios/ de un hachazo la necesidad de herir/ y herir/ y herir.*

Por otra parte, la hablante hace referencia a la ciudad en forma constante, hecho que la ubica en un tiempo y en un lugar determinado: *en esta ciudad escribo/ en esta ciudad que no da nada/ sólo penumbra y claridad/ ninguna sangre buscando ser nombrada/ ningún cuerpo tirado en la calle cotidiana/ en esta ciudad sin mancha ni piedad/ escribo.*

MARIPOSA ENTRE LOS DIENTES

En 1991, la Editorial de la Universidad de Costa Rica publicó su tercer poemario, *Mariposa entre los dientes*. Este libro es una suerte de continuidad de las obras anteriores, en especial porque se puede reconocer un estilo. No obstante, podemos apreciar un mayor rigor formal, una poesía más elaborada. Aunque siempre conserva el carácter espontáneo, la poeta es más reflexiva.

En la primera parte, llama la atención que Ávila elabora diversas meditaciones sobre la poesía y los poetas. Por ejemplo, en el poema *Ojos de poeta*, en cuyos versos habla de la noche, símbolo caro de los románticos, de los *ojos alucinantes de cada noche con que se corroe la poesía*. De manera que la creación es vista no como un acto puro sino más bien como un acontecer que se desgasta como todas las cosas de este mundo.

La hablante no le atribuye a la poesía un tono metafísico, más bien nos la presenta en medio de la ingesta de una cerveza, en donde *la palabra es el ejemplar intocado*. En el tercer fragmento de este poema, le otorga boca a la palabra y la asocia con *lirios demasiado protegidos*; luego aparecen los dientes que *mastican con precisión científica la increíble densidad del corazón*. Para, finalmente, expresar que *sobre la podredumbre/ amarillo asfalto/ donde la sangre no deja huella*.

Es notorio que la lírica no habla de la poética en términos vagos; no la idealiza, más bien la vuelve concreta, terrenal, colmada de olores inoportunos y de podredumbre. Para señalar que la creación está mezclada con la realidad.

Más adelante, en el poema que comienza *Y esta piel intocada de la poesía*, Ávila retoma el tema anterior, y señala que esta no es un ente intocable, está, para decirlo con palabras de ella, *enviciada en el dolor, sus letras son de fuego…*

En la segunda parte del poemario, Ávila se concentra en el ambiente nocturno, en los bares y, en fin, en la bohemia urbana. Además, la voz lírica expresa la perplejidad ante un mundo que está muriendo: cayó el muro de Berlín, la antigua Unión Soviética implosionó y se deja sentir ya el fin de la guerra fría.

El crítico Álvaro Quesada apuntó en su obra *Breve historia de la literatura costarricense* que si bien la problemática política y social fue uno de los temas centrales tratados por los líricos en la década del setenta, al finalizar el siglo esta temática será sustituida por la reflexión intimista y existencial. Añade que la generación de este periodo apuntaba al rompimiento revolucionario con el orden capitalista. Señala que, asimismo, estos poetas hurgaban en la irrupción utópica de nuevas formas de vida y de convivencia, No obstante, en los poetas de esta etapa se deja ver la experiencia de la angustia, la incomunicación, la soledad y la insatisfacción.

Precisamente esas son las emociones que transmite Ávila en este poemario. Y para dar cuenta de ello, transcribo el siguiente texto: *toda esta fauna/ todo este aceite dando vueltas en mi cabeza/ este motor sin sentido/ arrollándome en media calle/ debí haber sido el policía que pregunta/ en lugar de morirme y decir a todo que sí.*

La inquietud en torno a la existencia estará presente en la tercera parte del poemario. La búsqueda de una salida y quizás la de una utopía marcan la escritura del poema titulado *Abro la ventana: Abro la ventana/ para sostenerme/ mi cabeza se enciende con un fósforo anónimo/ la mariposa de Federico se asoma en mi garganta y dice/ hay marea/ oscura soledad/ dificultad para encontrar la salida/ y en medio de esta marejada de olas nocturnas/ entra mi corazón a combatir con el frío/ con la sangre que se agita en el ojo/ a dar plumazos sobre esta vida oscurecida/ y florecer golpe a golpe.*

Aquí, el anhelo de una apertura es evidente. De interés dentro del texto es el fósforo anónimo que enciende la *cabeza*. Ese *fósforo anónimo* proviene de una multitud de seres sin nombre, abigarrados dentro de lo que parece un mundo caótico. Esa masa se expresa, asimismo cuando la lírica dice estar en medio de *esa marejada de olas nocturnas*. Nos habla del anonimato, del individuo, del ser que se pierde entre las gentes. Nos habla de la deshumanización.

La cuarta sección del libro está compuesta por seis poemas. El primero de ellos, intitulado *Patria insuficiente*, es un poema reflexivo en tono crítico. A continuación, vuelve a evocar la noche en unas breves líneas. Luego habla de la ciudad, que es un tema que se reitera en toda la obra; continúa con un poema dedicado a El Salvador y a la guerra civil que envolvió a este país centroamericano. Ya casi al término del libro vuelve a mencionar al poeta y reflexiona en torno a lo que ha quedado atrás. Este poema es más bien una elegía: el sentimiento de opresión, de pérdida, de dolor frente a una utopía acabada marcará este final.

El último poema del libro se intitula *Manitas de salamandra*. En este se manifiesta tanto la voz que susurra como la mirada intuitiva. Dice así: *He puesto pezuña en tierra como un animal sereno/ al corazón mío tan caótico/ para abrigar tu voz/ y que me acompañe en este invierno/ mientras exijo a la noche tregua/ para armar un collage con lo que queda/ manitas de salamandra tu risa/ manitas de salamandra tus ojos/ tus dedos chuecos/ tu corazón hermoso/ los dientes tuyos mordiéndose la uña/ la uña de estar solo/ la más luminosa en tu dibujo/ la fruta de tus noches frías/ hoy me encontré tu carta/ y tu mano flaca/ dibujada sobre todas las palabras/ como un arcoíris.*

Quiero referirme en particular a este poema, no solo porque con este culmina el libro. En realidad en estos versos es en donde Diana pone de manifiesto uno de los rasgos que caracterizan su poesía: la presencia de la vida animal, la inmediatez del instinto. Si en sus otros poemarios hay una constante referencia a mariposas, hormigas, etc., en este último, la hablante se desdobla y se ve a sí misma como un *animal sereno*. Cuando se refiere al "otro ser" lo describe como *manitas de salamandra*. De nuevo vuelve a apelar a la vida instintiva. Reafirma esa condición.

Por otra parte, al leer el texto, se percibe que en él hay tres momentos: el primero se destaca cuando el yo lírico quiere abrigar al otro ser. Un segundo momento ocurre cuando establece la comparación con las manos de una salamandra. Y un último lapso, al parecer, sucede con la distancia que está de por medio.

En este poema, en donde no se expresa incertidumbre, pues más bien culmina con la esperanza que simboliza el arcoíris, vale la pena reconocer otros elementos. Por ejemplo, el uso de la palabra collage, que de inmediato nos lleva al terreno de la plástica y, que, además, nos coloca frente a una realidad que se percibe fragmentariamente y la cual es necesario rearmar, armonizar.

La presencia del anfibio con sus manitas nos lleva a la vida elemental. De nuevo la mirada de la niña se posa sobre la faz de la tierra y ahí descubre el mundo animal, mundo que la acompañará a través de toda su creación poética.

CRUCE DE VIENTOS

Este poemario lo publicó por cuenta propia la autora en su Artemusa Editora en 2005. Con la edición de esta obra, se dieron cambios muy significativos en la trayectoria de esta creadora. Se trata de una poesía madura, muy bien trabajada, en donde se vislumbra una visión cosmopolita de la realidad. Si bien en otros de sus poemarios esta perspectiva se muestra, es en este donde con mayor vigor se expresa esta condición. Por otra parte, cita pedazos de canciones de *Los Beatles* en inglés, y con ello hace suya una realidad multicultural. Hay constantes referencias en la obra de Diana Ávila que nos hablan de una relación muy íntima entre su poesía y la música.

El libro, en buena medida, puede verse como el de una emigrante, una mujer que descubre Europa por medio de la mirada, mirada intuitiva, mirada instantánea, disposición común en todos los libros. A través de sus páginas, seguimos las experiencias de vida de la poeta por muy diversos países y ciudades, especialmente Lisboa y Ámsterdam.

El libro está dividido en tres secciones. En la primera parte, nos aparece la palabra *Atmosferatus*, cuyo significado nos coloca en una determinado espacio, en este caso se refiere al que rodea a las personas. Sin embargo, en esa esfera también la hablante lírica reflexiona sobre la soledad en los siguientes versos: *¿de qué está hecha la soledad?/ ¿de piedra dura y suave?/ ¿de un corazón sin espejos?/ ¿de una espuma de mar que no termina de llegar?*

Preguntas indefinibles todas. Versos que nos remiten a la poesía de Alejandra Pizarnik. Interrogantes que debe responder el lector, o al menos intentar comprender. En este breve poema, Diana Ávila contrapone la dureza y la suavidad de la piedra. Asimismo sugiere que la soledad está compuesta, que tiene forma, que es sustancia. Este brevísimo y sintético poema está hecho de alusiones, de sugerencias. Al interrogar se formula las preguntas a sí misma y de paso a nosotros. No hay una respuesta, todas tendrían carácter tentativo. Lo que sí ocurre es que hay una atmósfera, un tono emocional.

De particular resonancia es la sección intitulada *federiquescas*, en donde alude de manera permanente al poeta español Federico García Lorca. Se trata de cuatro poemas que tienen una atmósfera sonámbula; la poeta se pierde por las calles de Granada, encuentra a Federico, encuentra la poesía y al hacerlo, al evocar al poeta asesinado durante la guerra civil española, parece sumergirse en una realidad colmada de hechizos, encantamientos, de soledades que se entrelazan. En el primer poema de esta sección aparecen los gatos como figuras más bien simbólicas que aluden a la sensualidad y al misterio. Y al hablar de los gatos, recurre nuevamente a las fuerzas instintivas. En este poema el tema de la muerte está presente, como por ejemplo en el siguiente fragmento: *mis ojos también se cierran/ también se mueren/ también yo no quiero nada/ también yo prefiero morir.*

En otras secciones del poemario las afinidades con otros escritores serán tema. Es así como, con profunda nostalgia, se evocan los nombres de Carlos Martínez Rivas, Eunice Odio, Yolanda Oreamuno y los citados García Lorca y Pizarnik. En realidad al nombrarlos, la poeta los conjura, los sienta en su solitario espacio e intenta un diálogo imposible. Diálogo que solo puede ocurrir en ese encuentro que es la palabra, la creación.

Señalé al principio que *Cruce de vientos* es una obra de madurez; no obstante, la presencia del mundo animal y natural también continúa en esta colección: la hormiga, la oruga, los gatos árabes, los pájaros, el viento, el mar. También la noche figura de manera constante; algunas veces esta hora del día muestra la vida bohemia que se disfruta en las grandes ciudades, mas en otros momentos, lo nocturno alude al recogimiento, a la soledad y a la plática consigo misma, tal y como se expresa en el poema *Palabras*: *de noche vienen todos los fantasmas/ De noche yo me acuesto con el silencio/ que me cubre como una sábana/ Y mis ojos entran en un diálogo perpetuo con los ojos de mi piel.*

De ese "descubrimiento" particular que tiene Europa en el poemario, resulta memorable el poema *Adeus,* en donde la poeta deja atrás su estancia en Lisboa. Aparece aquí la figura de las pescadoras, la de Fernando Pessoa, la de Malcolm Lowry y las de poetas y "poetos" que "la encontraron" en su periplo. En esta despedida, más bien, Ávila se lleva prendidos en la memoria los recuerdos que la realidad de esa ciudad le brindó.

En la segunda parte de *Cruce de Vientos*, Diana va a volver sobre la temática de los sueños, así denomina esta sección, en donde regresa al paisaje costarricense, a Puerto Viejo. La atmósfera es otra muy distinta, pero como las inquietudes se encuentran adentro, en estos poemas también aparecen las interrogantes. La totalidad de estos poemas alude al agua mediante los sustantivos ríos, nubes, lágrimas y lluvia. Aquí el agua es una vuelta al principio original. Es agua que evoca el estado inconsciente, es el agua primordial. Destaca, por otra parte, la sinestesia que alude al sol en el siguiente segmento: *los ríos se deslizan por mi sueño/ y están tan perfumados por el olor del sol/ que no quiero despertar...*

Pero la presencia del agua a la vez se manifiesta como una preocupación por la especie humana. Ávila menciona los grandes problemas de nuestro tiempo como la lluvia ácida y hace ostensible su preocupación por el medio ambiente.

Y es que la naturaleza va a cobrar vida en esta sección y servirá de contraste con el ámbito europeo de los poemas anteriores. De ahí que la presencia de la lluvia pertinaz, el ardiente sol y el ruido de las chicharras marca un escenario geográfico claramente reconocible. Pero aunque se evoque la tierra natal, un sentimiento de nostalgia va a colarse entre los versos. Hay un sentimiento de pérdida, de un tiempo que ya no es posible recuperar.

OCÉANOS

En esta edición, en la que se reúne la totalidad de la obra de Diana Ávila publicada hasta ahora, también se incluyen poemas inéditos escritos en los últimos dos o tres años. En el primero, intitulado *Amarhelo*, la voz de la poeta clama, a diferencia de lo que señalé en párrafos previos, hay en el tono de este texto un clamor, una defensa, una evocación al árbol como símbolo de la vida. Pero unido a ese canto, hay también desazón por la pérdida de este ser majestuoso, erguido y viviente que es el árbol, el bosque.

Desde una óptica ecológica, la hablante va convocando a los árboles, estos son masculinos y femeninos. Dice que dejaron de ser las ciudades de dios. La preocupación por el medio se expresa aquí y se van enumerando tonos de verdes y se enfatiza que con la tala inmisericorde de estos, desaparecen también los nidos, los plumajes, en fin la vida del planeta. En este poema *los árboles soñaron a dentelladas la herida humana y se fueron.*

Otros poemas de última producción se refieren al bosque y en el poema que lleva el título de *Abrazos no alcanzan para abrazar el bosque*, el tema de la deforestación está presente.

De esta última parte, sobresale *Tercer poema* y dice así: *sobre el agua/ crece la ventana/ madura/ se abre la ventana/ sobre el agua/ se abre el pentagrama/ y mi gata Nina concentra su cola/ en el piano de Leng Tan/ en los sostenidos/ sin bemoles/ en el largo adiós/ el viento afuera/ adentro/ de la ventana/ oleajes de noche/ pedazos de búho/ se quiebra la noche/ en una sola laguna/ verde mar / una sola luna/ nos acompaña.*

En esta composición llaman la atención diversos elementos, el primero de ellos, el agua, le siguen el viento, la noche y el mar. La visión, pues no es otra cosa a la que alude, es la de una ventana puesta sobre el agua. Pero no se trata de una ventana cualquiera, es un ventana calificada con el adjetivo de madura. Aquí hay que detenerse y preguntar si madura es la visión que se tiene del conjunto, de ese panorama que se abre ante los ojos. Acto seguido, se abre un pentagrama. Se trata de dos movimientos que ocurren uno a continuación del otro, y ambos son de apertura. Sin embargo, también puede ser que con la mirada se enfocan dos situaciones. De improviso aparece Nina y entonces todos los sentidos se concentran en un ser vivo. La magia, sin embargo, está en la ventana que puede abrirse y puede cerrarse, de manera que le permite a la lírica estar afuera y adentro a la vez. Este poema es de realidades simultáneas, de juegos y también, como es característico en la poesía de Ávila, de un cuidadoso proceso de síntesis.

Otro poema de esta colección reciente lleva el nombre de *Sueño I*. En este hay una evocación del futuro. En realidad en esta creación se conjugan el pasado, el presente y el devenir. Se trata de un encuentro entre amigas en el que se rememora el pasado y en el que se presiente la época de la vejez. Este verso tiene un elemento de realismo mágico, cualidad que puede apreciarse en otras producciones. Mas en este ejemplo, aparecen las mariposas que comparten el mismo gusto de la hablante por la música de Chico Buarque.

Para concluir, quiero señalar que apenas si rocé los puntos esenciales de la poesía de Diana Ávila. Es una poesía de honda mirada, de mirada instantánea. No es una poesía de voz o voces que claman, su decir se expresa como un susurro, como quien habla consigo misma. Cuando observa a los insectos y a otros animales como los pájaros y los anfibios, lo hace a ras de suelo. Todos los elementos se reúnen en su poesía: el aire, el agua, el fuego y la tierra. Y en sus más recientes poemas sí hay un clamor a favor del medio ambiente. Es necesario resaltar, asimismo la atmósfera surrealizante que hay en buena parte de su creación. Y es imposible omitir una característica que no he notado en otras escritoras costarricenses, el carácter lúdico. Diana Ávila recurre a los juegos de palabras, a la reiteración de sonidos, a las asociaciones.

De la poeta me queda una imagen muy bien grabada en la mente: la cercanía con los animales, la capacidad de transformarse en el seno de la naturaleza y metamorfosearse a sí misma en árbol, nube, viento, oruga, agua...

DIANA ÁVILA, UNA VOZ PROPIA

Elizabeth Odio

Encontrar la propia voz poética desde sus primeros trabajos demanda de cada poeta acertar desde el alba del proceso creativo en la búsqueda de un lenguaje cuyo sonido resuene nuevo al oírlo.

Se nace poeta, con el hálito y la vocación que no se improvisan. Como no se improvisa ni se adquiere el talento. Pero el oficio de labrar las palabras hasta dar con el sonido justo se va forjando con intuición, con trabajo, con mucha autocrítica.

Diana Ávila Solera pertenece al reducido grupo de poetas costarricenses que a partir de un enorme talento —Diana lo tiene— y un trabajo muy serio con las palabras encontró desde muy joven su propio camino. Sin seguir pasajeras corrientes ni atarse a ninguna tradición lírica, su obra trascendió las fronteras nacionales para proyectarse por todo el continente latinoamericano y más allá.

Desde sus poemas iniciales, recogidos en su primer libro (*El sueño ha terminado*, 1976), quedó definido que la suya era ya una voz nueva, original, lírica, firme. Ese libro primigenio —que obtuvo el primer premio en un certamen abierto a Centroamérica y Panamá— reveló la presencia de una propuesta poética distinta, atrevida, revolucionaria, y señaló la tendencia de búsqueda permanente que la obra de Diana Ávila desarrollaría desde entonces.

El lenguaje de cada poeta es su propio instrumento. Las palabras deben ser templadas, pulidas, desprovistas de resonancias ajenas para que permitan identificar nítidamente a su creador o creadora. Esas mismas palabras de todos los días deben tener otra música.

Tal como lo hace Diana Ávila en cada uno de sus libros, en cada uno de sus poemas recogidos en las antologías latinoamericanas que la incluyen frecuentemente como una de las más distinguidas poetas de Costa Rica y de la región. De las que marcan tendencias y crean escuela entre los jóvenes.

Diana escribe su poesía en versos libres, abiertos, con un lenguaje siempre renovado. Su métrica es moderna, sin rimas consonantes. Sus poemas tienen la musicalidad y el poder que vienen de las palabras cuidadosamente escogidas para crear atmósferas, cantar-llorar sentimientos, distinguir el bien del mal.

Porque a lo largo de su carrera Diana ha vertido en poesía de la más alta calidad, surrealista a veces, su visión de sí misma, de los otros, de la naturaleza en la que vive inmersa, de sus angustias, sus miedos, sus alegrías.

Diana ha sido siempre de una enorme coherencia entre su ser poeta y su vida cotidiana, sin concesiones ni esquizofrenias. Ha llevado su poderosa voz al teatro, donde trabajó como directora y actriz por varios años, y a su labor como editora de extraordinarios libros sobre la rica biodiversidad de Costa Rica y de la región.

Editar esos libros le abrió a Diana el corazón y la mente para estremecerse ante la belleza, los peligros, la crueldad, la autenticidad de todas las criaturas con las que compartimos la tierra; para reconocer con mirada profunda y compasiva el cordón umbilical que nos une a todos los seres vivos; y para sentir el dolor insoportable de entender como el hombre está destruyendo sin casi remordimientos la vida que es de todos.

Si siempre en la poesía de Diana Ávila hubo una conexión profunda entre sentir y vivir, entre pensar y escribir, entre soñar y actuar, esta nueva etapa de su quehacer profesional ha transformado su ser más profundo en una evolución integradora con la naturaleza que ella busca convertir en poesía de agua, de fuego, de aire y de tierra.

EL SUEÑO HA TERMINADO

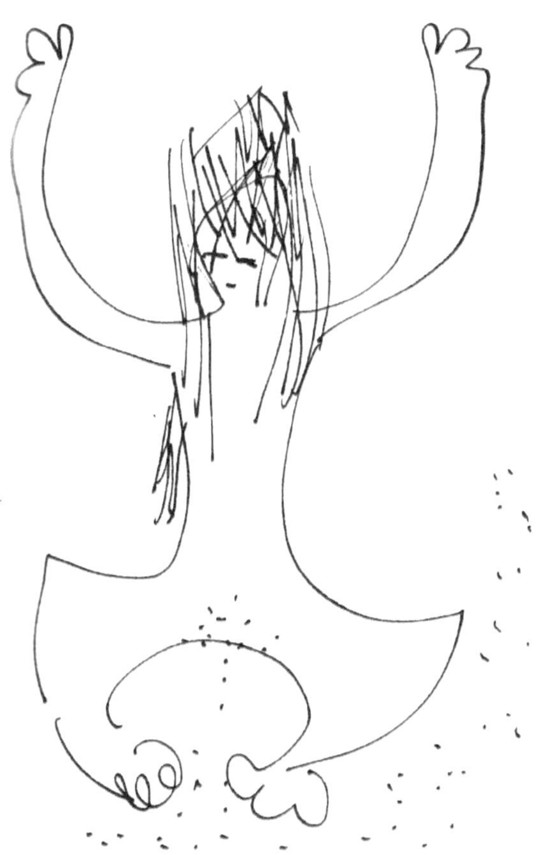

Publicado en 1976.

ME GUSTA desplegar mi cuerpo al aire antes de que el
sueño se encoja en el cuarto y lleguen las hormigas a
verme gatear en la ventana
porque así los arenosos vientos pueden saber
que aunque ya no puedo caminar
los espero.

EN CIERTO MODO durante largo tiempo anduvimos de
rodillas
de cabeza creyendo que debajo de la mesa
se abría la catástrofe de todo un pueblo
Pero al entrar la libertad de su boca se extinguía
como una luna y los lugares de mañana eran oleajes
de sol y ceniza que se cerraban irremediablemente.

Vine
porque me dijeron que sos hasta el límite de la
existencia como una concha vacía y estéril
tu silencio deja al dios habitando inodoros y
matas de plátano.

Comienza con las manos
agotada por esta lluvia que pulveriza la conciencia
en las entrañas sabe a humo   permanecer
es sólo un estruendo rojo una insignificancia:
tocar pero no llegar mucho más allá
te golpea
aquel lugar   poder abrir los dedos
                              poder abrir los dedos
en este lugar   uno a uno

Cuando huimos y callamos
arrastrándonos cuesta abajo hacia la lluvia
y dejamos que el secreto se pierda
cuando tenemos la certera sensación de estar
viéndonos
en un espejo doloroso
las manos se esconden temerosas del movimiento
terrible
cuando tocamos y esto nos hace naufragar en
nuestro mismo centro
cuando presentimos y recordamos
inventamos la risa para desteñir la herida

cuando hacemos todo eso
yo sueño con palomas que se esconden en las olas
y sueño días y días con la noche interminable
me río
lo que es triste   la ceniza cavernaria

y somos una semilla salvaje que comienza a
deshojarse y poblar la tierra de pájaros de fuego y
somos el primer helecho hacedor de los hombres

Las arañas me embisten.
Bajan de su casa en las hojas de un momento a otro
y se quieren ir a vivir afuera
Conocí una araña negra
negra con pintas anaranjadas en los ojos
tenía muchos ojos
también miraba con sus patas y con el estómago
Fue difícil hacerla de mi parte, tuve que convencerla
de que yo no le haría daño, le expliqué cómo nacen
las olas y cómo es el vuelo del agua al amanecer y
que podríamos navegar
y me comprendió cuando la llevé al mar

Ahora vive en una isla.

VUESTRA CASA   llena de papeles viejos
vuestros hijos   hijos de fuego en los ojos
ojos de caracol quebrado

papeles viejos poemas
pedazos de sentimiento debajo de la cama
casi un charco azul en la calle destrozada
en las inevitables mañanas en que las ranas alcanzan
a volar y se reparten en la oscuridad de las piedras

Vuestros hijos
hijos de franqueza de manotazo abierto y de sequía
hijos extendidos a lo largo de la arena
apenas cubiertos por las olas rojas

Llegaron manadas de hormigas a nuestra casa
se comieron los papeles y las almohadas y se tiraron
en el patio
a tomar el sol patas arriba
pero nadie se dio cuenta

todos esperábamos en la estación...
alguna cosa

ronda de mosquitos

Mi madre tenía en la frente (una tarde de éstas)
siete pescadillos de madera que le hablaban a los muros
y a las flores abiertas para la neblina

mi madre no sabe
hablar
ni siquiera
se toma tiempo para escribir a su amante
que se mece en la arena
por islas canarias
y come maíz por las noches
cuando hace frío
y ninguno está

y yo
debo hacer otras cosas
como humedecer la taza de tomar café
o el diario que les gusta a los dos

yo
debo saber en secreto que en el fondo
ella no es desagradable   conmigo
sólo se propasó
para
darme oportunidad
de saberlo

TODO QUEDA.
Hasta los más mínimos odios a muerte
y el amor más destructivo y más hondo
Pasan las cosas por nuestra columna
medio fosilizada
y aún así   decimos
                   que nos arrepentimos
                   ¿De qué?

Hemos quebrado la ceniza   un día
hemos enterrado un día   otro día
hemos abierto un corazón   dos días
más tarde
hemos comprendido por qué   y
hemos fracasado

la equis junto al ensueño

no pregunten nada   todo sucede en el
borde en el eco de mi vestido rojo
no saben nada de si soy o estoy diciendo
cosas ciertas
el papel el vestido las palabras
todo corre por los huesos
todo es cierto
si ustedes lo son

mismo

Oigo
me necesita
está colgado de una historia
se acaban sus manos sus ojos
con un movimiento pendular
triturado
por los días martes
martes y viernes y plutón

me necesita lo sé

desde que íbamos juntos a la escuela
y rayábamos los pupitres con
palabras como

y entonces
me doy cuenta
de que
si pongo en fila todas
        sus necesidades de mí
        y las mías de él
        para alguno de los dos
        no habrá lugar

P o P

Huyo de mí misma porque soy una mariposa
extraña.
Y extraño mi nido como si fuera un pájaro que no ha
nacido.
Quiero volar hasta tener en mis alas el olor del mar
y hacer que mi aliento taladre los acantilados que te
crecen en las manos duras y avergonzantes.
Quiero golpear mi cabeza contra el fuego y perder
todas las esperanzas
y traer hasta aquí y ahora y mirar de frente al caballo
águila vida que me va a golpear la cara con una
patada segura y sincera.
Quiero aburrirme con la infancia de las lagartijas y
con los ojos entrecerrados y con la decencia de la
suavidad y lentamente morirme no quiero!
Hasta aquí llegó el gato salvaje que he comido uñas y
espinas negras
para cantarle a la buena vida y enseñarle a
defenderse.

Porque he amado...
o en verdad no he amado
puede ser un invento de risa
un aguacero tibio de mi
qué importa?

Soy una vieja mariposa extraña que se siente clavada
en una colección de inoportunos cadáveres de piedra
y pretenden que yo sea igual
yo no soy igual
soy de hoja de tierra de ceniza de almeja
lo que sea
pero siempre le he tenido miedo a las piedras
porque las conozco y sé cómo se siente no tener boca
ni pies descalzos
ni lengua dulce

Es dolorosamente cierto que este atardecer es
anaranjado
y que voy a terminar despedazándome contra el mar
porque no he nacido no he aprendido a volar
y no sé tampoco si voy a ser pájaro o piedra...

Como te llames:
He olvidado que tu corazón era un gran gato que se
paseaba de noche
encima de la mesa y de la silla y cuando se sentía
cansado se echaba
a mis pies en las ramas de la cama,
a veces salía corriendo cuando yo gritaba o lloraba
y se volvía a mirarme desde largo diciendo que así yo
no le gustaba.

He olvidado que tu corazón es insensato porque
corre detrás de las gallinas y no les da tregua hasta
que ellas se enojan y le devuelven un buen picotazo.
Lo doloroso de esos picotazos lo he sentido después
cuando has venido a buscarme con tu corazón suave
y herido...
Era tu manera de ser piedra dulce lo que me
arrastraba a seguirte.

tu nombre seco difícil
adherido a mis años como los árboles y
animales que tuvimos de niños
escondido en mi piel como la primera mala palabra.
He olvidado tu nombre
inevitable
aquí y ahora.
Me hace falta.

42

SÓLO VOS vas a poder desmantelarme
sólo vos vas a encontrar el fondo
sólo vos en tu mentira
vas a golpearme
porque nadie más tiene el golpe
ni la necesidad
ni la certeza

ME DIJERON esos pájaros que anidan en tus ojos
que detrás del mar está la oscuridad
aguardándonos sedienta con sus uñas negras para
arrancarte
mis caricias y a mí quitarme el olor tuyo que tengo
Me dan miedo esos pájaros que no miran de frente
que buscan la espalda para golpearnos con sus picos
rencorosos
me da más miedo que se queden para siempre en
esos ojos

que se encuentren bien ahí
que se metan más adentro y no quieran salir
me da más miedo porque ya después no podremos
encontrarlos
y sólo sentiremos sus golpes

He olvidado que tu nombre se dice con el resplandor
del viento
sobre el agua y los gatos amarillos resoplando con
sus uñas a las hormigas
rosadas en las cañas. Te agredían dulcemente
cuando he dicho tu nombre
pero no es tu nombre
sobre ningún papel ni calle ni recuerdo
es el árbol que te abraza con un calor incandescente
y puro
y te acecha con el deseo volando debajo de la tierra
retumbando en los dedos
era tu nombre desnudo
el mar abierto sobre la boca
no era tu nombre no era algo que se pueda decir
sólo sentir en los dientes las infinitas lenguas de tu
boca
de tu sabor
y tus aguas indecibles...
yo te amo

Olvido que tu nombre está escondido entre los dedos
de las raíces
en incorruptibles frutas y cuerpos y tus ojos
corren por todo lo que queda en mí
ya no sé nada más
quiero cubrirme
quiero cubrirme
olvídenme—

CÓMO TOCAR lo que está más allá de tus ojos
del olor de tu cuerpo
cómo cegar al pájaro violento que no come de tus
manos
porque se come tus manos

porque le das tu aliento
y él alza vuelo
y lo llevas al bosque
porque tus pies son el agua descalza
andas riendo de dolor
Perdí mi nombre al querer alcanzarte
más cerca de vos misma
más adentro tocarte
me estoy perdiendo

Fuego del frío
cómo acabar de decirte   de tratar de sostenerte
ardiendo
sin perderte en las palabras
sin asirte?

Como boca
me llevas
me inventas
y me dejas

CUANDO LA VIDA se pierda
quedarán las cosas cuidando
que nuestros pasos vayan por buen camino
hasta que se encienda el fuego
otra vez
descubriendo
el canto de la vida y el silencio ardiendo
volverán a las manos y a las bocas
el primitivo reencuentro
con alas en nuestra piel
reirá al día

me da miedo saber cosas de mañana
no comprendo qué es mañana

no puedo ser para después
ayudame a llegar hasta mí misma
a encontrarme ahora
ayudame con tu risa y tu silencio
a comprender la esperanza
debo no ser palabra sino esa mujer que se alcanza
y se destruye y se levanta

si pudiera correr como si nada
si pudiera encontrarme algo que me volviera al revés
palabrasmalditaspalabras!

multitud

llamo al que casi se llama con un nombre como el
viento
que no quiero decir
llamo al que de noche llena sus manos para pedir el
ardoroso pan en la boca
al que se duerme no sabe dónde
esperando la mañana con el aliento vacío y los
pajarillos oscuros
que para él nada significan
llamo al inútil eco de las estrellas sobre sus ojos
abiertos a la sequedad del polvo
llamo al hombre la mujer innombrables de todos los
lugares

Lila layola

Lila layola
la loca más loca de la tierra.
Comiendo sola
viviendo sola
durmiendo encima de los árboles
escondida en las esquinas
la risa que deja en los lugares es más fresca que todo
el mar

¿cómo atrapar y dejar ser la paloma de fuego que vive
en tus manos?
tus ojos dejan flores en las calles sucias
Lila
mi
vida mía
Lila llévame
quiero ir de tu mano

Trato de emigrar hacia donde los pájaros esconden
                                      sus alas rotas
pero no lo he conseguido.
Siempre aparece una palabra desteñida en un poema
o el aliento herido en una conversación.
Siempre se dan cuenta.
Siempre me enseñan
que las cosas son así

Yo no aprendo.

poema para caídos

aprende a volar bajo el mar
acecha de espaldas y de frente
cuida
guarda el viento de las horas
calientes
para irte con él cuando sientas
el primer signo de muerte
huye
y vive.

 para esta mujer
cualquier mujer caída

desde los más bajos pantanos
hasta el fondo fértil del corazón
cantora de la leche amarga y los helechos rojos
de huesos desperdigados
del silencio blanco como el golpe seco de las
mariposas y los sapos derrotados
célebre insaciable sedienta
de volar sobre el mismo lugar
después de que el cadáver enamorado se había
quemado
y desaparecido
pero ciega...
esperándolo
seguirá esperándolo

y amará ese hueco que queda con el olor
se lavará los ojos con la sangre del pájaro
tormentoso pájaro de sangre que sí sabe vivir
sobrevivir
entre todas las cosas
le hará en la raíz de su vientre
un lugar infranqueable
abierto
y lo hará su amante
y será amada

Caminando voy escribiendo locuras
locuras que tiro al río
escribo que el viento mueve sangre
entra en los dientes
llega a mi corazón rompe y desclava con su sangre mi
sangre
y regresa desde el río
al que he tirado la sangre

voy escribiendo golpes
certezas de piedra y mordiendo dedos
voy recuperando la floración del frío
el silencio deshilado de la noche
caminando sobre mí con un cadáver conocido en las
espaldas
con la respiración descascarada y seca
con los nombres arrancados del sueño
el perseguimiento acumulado de mí misma.

fragmentos al desconocido

I
Habría que tomarte en serio algunas cosas:
tu ansiedad de ermitaño
(que no es insomnio ni ritual amargo)
he sabido que vibra en las ventanas
con un olor a tempestad que se acumula
en todo rincón que respiramos.
Y sé que yo no puedo respirar
desde que llega ese olor...

Tal vez por eso
nos hablamos como si callar fuera la única respuesta
a esta prehistoria que nos refleja.

II
No conozco más tus rodillas, no las he vuelto a ver
desde que el invierno cayó quemado contra la pared
donde yo dibujaba tu cuerpo,
y ahora no importan los sentimientos
ni las verdaderas rodillas,
sólo importa lo que se quemó,
lo que ya no existe.

Recuerdo ir a algún lugar seco y blanco
para lavarnos las caras
abandonar y torturar...

Heredé todo lo que quería: me hundo
en este túnel que no comprendo
de mi boca salen humos
y tu voz sigue cayendo   No quiero.
da risa.
Habrá un día...
unas cenizas en el musgo
una sed en la corteza
algo
un golpe de dientes en el corazón
arruinado
en el corazón que vuela y espera
aunque no queramos.
Habrá otro
o el mismo corazón.

es una mentira   pero me acerco
                  de miel oscura
                  caigo con todo
y mi siempre lila
carbonizado   se vuelve paloma

He dormido cobardemente como un lagarto
Tengo los ojos oscuros de respirar escondida
Y ahora que quiero despertar
es más fuerte que yo esa otra que está frente a mí
y me agarra del cuello y me pregunta
¿por qué?

tregua

este día negro en que regreso a mí no me encuentro
sino que en mi lugar huele a cenizas y a niño llorando
simplemente preguntando
este día de fuego mis pies descalzos sangran
porque no me reconocen
y todo el helecho de mi cueva está quemado
y el agua de mis peces envenena el aire
no quiero volver atrás
quiero preguntar a todas estas cosas que me atrapan
y atraparlas y descubrir por qué las he construido
por qué mis cosas no vuelven a ser mías
ni es mi casa
o siempre fueron así de oscuras y asesinas?
o siempre fui yo de muerte?
quiero devolverme y encontrarme adentro
desnuda con lo que he hecho de mí
en este día negro en que la luna sangra en mis manos
y mis ojos me miran
y me escupen

en esta mañana defraudada y terca
de miel cercada y nombres disueltos
entre vino y muslos de tierra
después de anochecer a poquitos
el café quedó en el fondo de la taza
que dice "tahití"
sin sentir
nada
importante de mí
ni siquiera
sé terminar este poema
se me va
se me desordena el día

muerte aristocrática

Se iba el barco...
Él con sus zapatos desamarrados
buscando su camisa rosada
de viaje
su flor en la nariz
(la esposa jugaba al escondite en el armario)
La situación era más gris que el gris
y la habitación era gris
6:59   un minuto
                             un desertor muerto
                             desierto
Se iba el barco
el barco
salía de su saliva como un gato muerto
aunque él ha muerto de desesperación y paz
y de saliva
Pobre hombre.

de raza

Se murió embalsamado como un colchón
en El Cairo
porque el cairo para todos
es un lindo nombre
un lindo lugar para morir cantando coplas a maría
antonieta
¡Nadie lo creería!
Él no era un desconocido
ni un buena nota
jamás!
menos un piecito
sino un efectivo
hombre de mundo
pálido como los muertos de fiesta
(para ser discretos: que conste: de fiesta)
y al fin y al cabo
un digno representante de su raza.

mi dueño (fotografía)

mi dueño es ese señor gordo
al centro
el de pies de caca
ése, sí,
que no se acaba nunca y que no sabe que yo existo
pero me lleva amarrada a su lengua de arañas
y cada vez que puede paga por mí
y me vuelve a perder cuando se duerme y yo sueño...

como una tortuga de miel
espera

ME GUSTA salir de los lirios húmedos de tu pelo húmedo
y arrancarte la voz que escondes en tu piel
que dejas abandonada en mí
me dejas quebrando la ternura de la boca
y de tu boca que desciende
a esta hora de miedo y transfiguraciones en que no soy yo
porque he salido volando como un hueso
pájaro que emigra a esconder su pobre risa en las
cebollas enterradas
Corres por mi columna
vertebral te estás metiendo horadando
en el sueño en la locura de la noche que persigue
Y la risa enloquecida descubre que estás buscando
debajo de las puertas en el cuerpo de las algas alguna
huella
alguna cosa parecida a tu cara
que has perdido
tu cara rompiendo los vidrios donde se esconde el
ensueño rojo de los caracoles
aunque todo es que no te reconoces

y yo tampoco puedo saber nada de mí hasta que no
                                        encuentres
inventes el lugar en que vives

Siento que debo irme
van a llegar hasta nosotros con piedras humeantes
nos van a quemar la cara a llenar sacar la sangre

van a desangrar juntas las dos bocas amorosas que
acaban de nacer dentro de la ceniza

Acabo de llegar y tengo que irme porque siento que a tu
                                        cuerpo que amo
lo están comiendo las hormigas y lo desconocido ha
germinado en tu pelo y duermes
sin darte cuenta han cortado tus manos
las mías y nos han amarrado a este lugar otra vez sin sed
                                          ni sangre

sin mentiras

y lo único que podemos hacer es repartirnos
llenar lo que se pueda de agua y saliva
y comenzar una vez más —última vez—
a vivir
respirándonos

NO ME VUELVAS a llamar con tu voz de luna
con tus ojos dulces como la medianoche
porque no iré
soy un balde que han tirado en media calle
y el ruido que hago
sólo despierta a los sapos
en la noche
no me llames

AÚN HOY último día de verte
no comprendo nada
de tus ojos de leche como la noche
de tu lengua salvaje
de tu boca oscura de vidrio que aletea por mis dientes
aletea como un dragón y me quiebra
nada comprendo
desde que llegaste saliste de la tierra con un nombre
espeso
esperaste el diluvio para traerlo con vos
y tirármelo encima
de mi ceguera parecida al sueño...
despertaste la vida
me enseñaste la niebla
y los huesos de las mariposas
y me quemaste los dedos para que aprendiera
y me has hecho
por eso no comprendo

ostra

Yo no sé amarte
no sé tocarte
ni darte cada parte de mí
Estoy recogida
             inflamada
                 calurosa
ando golpeándome en la gente
no veo nada
me doy contra las paredes y las redes y me hundo y
vuelo
aprendo a caminar en los bordes de los techos
para llamarte en la noche
enséñame a vivir escondida
en tu piedra flor de agua
de desmantelamiento
en tu olor perdido como en el destierro.

boca descocada

su boca
caminando por el puente
caída bajo el puente
llevada más allá de mis raíces
sin por qué
su boca
de locos dragones de niebla
su boca libre
entre lilas desgajadas
manchada de sueños
oscura
diluyéndose
durmiendo en los árboles
su boca despierta
desnuda
verde
deshecha en el mar
boca de limón
de océano
desordenada fría
boca de pequeños túneles amargos
entre la oscuridad de lo oscuro
humedad sangrienta
salada
abedul
mañana
cara de alcachofa

gotas

has tirado mis gotas más alto que los ojos de los
topos en la madrugada
me has hundido la piel me has desfachatado ante
todos
has despertado el anís verde de mi lengua y lo has
agregado a tu ternura
salvaje
me has arrodillado
a la puerta de los dioses putos y me has llamado
con el nombre de los niños perdidos
y tu ojo ciego se mueve y canta sobre el bosque que
cae entre mis piernas
como un pantano
Estoy de espaldas jugando con los esqueletos de las
ostras
para volver la cara detrás de las piedras del moho que
renace

Has tirado mis gotas
es decir has tirado mis gotas
lo cual yo no sé
gotas de palma africana de charco
de gotas nada más que gotas
verdes
y te vienes volando
y te metes por la ventana
y te duermes a mi lado

el cíclope de la noche

quiero morir quiero morir entre las ramas del bosque
húmeda como la raíz del sol
sin caras ni ventanas
sin abridores de latas
sin nombres
con el hierro de la noche
con el viento frío
con el grito de las piedras
que acuden a la muerte y anidan mi respiración

Mi pecho arde encorvado como un bejuco
llamo desesperadamente
desde la extraña mañana oscura saltamontes
desde el exilio de las lagartijas
con la cabeza amarga del destierro
con la voz amarrada
acudiré a pedir leche y sangre para esta boca
aletargada
estoy ardiendo
al calor de las hojas gigantescas del pantano
de la vida que canta como un negro esclavo

Yo era la gran perdedora de mí misma
el anfibio que nadaba en los pulmones
el fuego atrapado y silencioso
el ojo transparente y ciego
corría atrapaba pájaros con la lengua

dejaba la saliva en los establos y en las jaulas
amaba la tortura
quiero morir quiero morir
amo la muerte la noche tortuga verde del insomnio
la risa de los cactus sobre el cuerpo negro

sobre mis pies sucios de oropéndola
los geranios de los dientes

Y con todo esto:
quién me buscará ente las huellas que dejan los
animales al morir
a quién llamaré con la voz desquiciada y torpe
con la garganta enjaulada

Caminando sobre el puente quebrado
arrastrada por el silencio
perdida en el viento
estéril
agujereada por la lluvia
con todo esto demasiado largo para mí
tengo miedo
tengo miedo de seguir respirando ciega

dos poemas

I
sé que no tengo que decir tantas cosas
pienso demasiado sueño demasiado invento
me muero de sueño
ahhhhhhhhhh

II
lleva mi corazón hasta las plumas de los pájaros
y déjalo sonámbulo en las olas para siempre.

No me dejes intacta conmigo
con el miedo
no me dejes tranquila
golpea mi corazón dormido
sacude mi secreto
revuelca mis entrañas
ábreme la boca
no me dejes quedarme callada y quieta como los
asesinos
de flores y mariposas
cúbreme de sangre
remueve mi sueño
destruye la isla dolorosa y suave en que estoy
tócame
no me abandones como hacen todos
ven a tocarme y revolverme
siente mi cuerpo y mi alma ábrelos como una concha
recién nacida
y desparrama tu risa de tomate sobre mi pelo
acaricia mis pies negros confundidos con el revuelo
de las cosas
muertas
No me dejes intacta en el humo
no quiero ser blanca
quiero ir hasta adentro y perderme
y salir   o no salir
muerta de risa   o muerta de muerte

debo ir y callar si no te encuentro?

quemar el olor de las olas que presiento cerca?

debo llegar hasta perder el sentido
la certeza de las cosas como la noche que ha pasado

o debo destruir
abandonar a las mariposas que se persiguen en mi cuarto
y cerrar la puerta y ver a través de la ventana?

debo ir y callar si no te encuentro?

este lugar

No vengas no me roces con tus dientes de plomo
con el humo amargo de tus mil bocas
desde la verdad mentira recogida en un abismo
sagrado
estoy parada sobre las cosas muertas
en el extraño desencantamiento de la destrucción del
                                                        amor
no veas mi cara de cera quemada destemplada el
pobre
                                                        vuelo
de animal leñoso y ciego
de fósil retardado insertado en el exilio
no me reconozcas no me descubras en el
desequilibrio
                                                        de las cosas
anocheció en los pies las algas apedrean
se comen mi respiración
deserté
amé tu cara desenterrada del mar tu pobre escama
                                                        silenciosa
asomada al preludio de la guerra
a la risa roída y terca a los fantasmas de la luna
todo es amoroso como el olor del sueño atrapado
no me busques no volveré espero
he subido hasta el gran cadáver del sueño antiguo del
                                                        juego de
la muerte
le he traído flores y colores amarillos
y una hoguera entre las piernas
y espero

conjuro amarillento

amarillo
amarillo redondo amarillo helecho
amarillo rosado de piedra robado
amarillo de orilla de cabra
cabra loca de la estación fea
hueco alrededor del sol
manso sol de ternura de pies de mar
y sobre la boca de pájaros violentos
amarillo de muerte natural
amarillo suicida rojo de tiempo
eternidad de secante ventana mojada
vidrio roto bosque
amarillo pasa la luna como un niño rojo
amarillo de dientes antropófagos
carne de crecer el viento
de revolcar los días como arroz con leche
y remolacha
río de madera aserradero barato
avestruz
vagabundo querido

solo este viento que se apaga entre las flores
solo esta húmeda luz de linterna
solo el olor de ventana de las flores
solo los árboles de mango y eucalipto anclados
solo cada noche y cada parte de la tierra
solo los cangrejos que juegan conmigo
amo no ser nadie más que estas cosas que cantan
alrededor mío

mielancolía
(a un gato)

asbahal amigo
estuviste cerca
de todos nosotros

violetas y miel para tus dientes

asbahal
qué tristeza de lila sobre tus rodillas de gato viejo!
por qué no vuelves
por qué no gimes ya
contra mis ojos perdidos en la niebla
siquiera?

eras el niño de la nada
el charco de las olominas de colores
quién eras asbahal se me olvidó tu deseo
y ya no quiero recordarte
no quiero que estés muerto
Si alguna vez fuiste
asbahal amado nadie
si alguna vez estuviste
hablando conmigo debajo del árbol en el cuarto
por qué no me lo dices?

porque estoy rodando
y no sé adónde voy

ni quiero ir a ningún lugar
que no sea éste y ahora
el sueño o la muerte
el mar y la selva

poema al pobre amor

a veces hay que irse, amor
y dejar que las cosas sigan solas como quieran
mientras vos y yo, sentados por ahí en algún rincón
esquina abandonada
anochecidos
tirando piedras en los charcos
nos vamos deshaciendo
el uno al otro

AMOR PLUMA descamisada manchada de flores verdes
flores verdes descamisadas por la luna
pluma puma
pluma enredada anaranjada
cambiada de solsticio por entrometida
amor gallina de ojo triste
gallina de patas rotas
risa de charco
amor bellísima gata tuerta
que te escapas por los caños del mercado
amor caballo sin dientes
caballo de patas dulces

albaricoque

cuando tenía seis años
el mar abrió mis venas
entré
y crecí desde la muerte
hasta hoy
echo raíces como un niño ciego
y no me rindo no me rindo
albaricoque
por esos

CONTRACANTO

para Eugenio Arias

Publicado en 1981.

I

hay un pequeño sol
un sol petrificado
en la herida

un pequeño agujero luminoso

DEMASIADO PAN
demasiada ternura
para mí que no sueño ni oigo
que huyo

MI LENGUA es el polen que enreda palabras
para que el viento y las piedras escupan
sangren y hablen

NO HEREDÉ la luz
me oigo respirar lejanamente
como si me hubieran abandonado en un sueño

HERIDA la palabra soñaba:
¿cómo abrir las alas
cuando la destrucción llega?

DE MIS SUEÑOS caen piedras
palomas de hierro
sobre los poemas
la escritura se resuelve en sangre

noctancia

toda la noche dar la cara
a una flor que se quema
toda la noche
golpear el centro de las cosas
con la cara que rueda
atravesada por el aire

echada en el rincón
apagada
enfrento mis palabras al silencio

noctancia dos

las cosas retumban
bostezan sus gritos
me revierten en ellas

en el vegetal de mi cuerpo
crece una garganta de las cosas

está aquí
donde respiro
el lugar de la miseria cotidiana

yo era alguna vez de otro territorio
ahora mi voz emigra al silencio
buscando los profundos animales de la paz

¿QUÉ SE LE PUEDE insinuar a un tigre despistado
que cuelga de la pared en un cartel cubano?
tal vez recuerda esos enredados sabores de la
infancia
cuando nos íbamos a las pozas a señalar en el agua
nuestros sueños
y una mariposa transparente caía estrellada contra
una piedra
y se despedazaba
también nuestros sueños
después
transparentes y perdidos
como ese tigre en el cartel cubano
árboles de melancolía

LLEGUEMOS a alguna parte
mientras tenemos en la garganta una saliva luminosa
no dejemos que la herida naufrague en el incendio de
las cosas
hay que desparramar el sueño
destruir los loros habladores del dolor

II

POEMA QUE DIGO para naufragar en el aire que respiro
y lo digo para que alguien reconozca
mis ojos de anfibio perdido
mis manos de piedra
y mi cara que huye

para que la lluvia despierte conmigo
y caiga sobre mí con sus helechos
con el viento
con la sangre
y germine en mi garganta otra ternura
otra esperanza

BUSCO un amor distinto
una contaminación profunda
una suciedad de mar en los pulmones
una boca que maltrate el silencio
otra ternura

tengo una muerte dos muertes
muchas embriagantes teorías
un hueco en el alma
una coraza

me retiene el viento
apenas suspendida del asombro

lleguemos a alguna parte

a mediodía la cobardía el miedo
todo viene
con el temblor de ojo atormentado
a reconstruir la piel
a recoger las gargantas del fuego

para abrir el vicio
escoger la defensa

y el palabrerío inútil
va desperdigando sus alillas

Buenos días

qué horrible qué horrible
se cae uno por la ventana

uno es débil y amoroso
hasta el último pétalo del holocausto
y fiel al más oscuro rincón de la noche
(oigo cerca el ruido de telarañas
quebrándose en mi cabeza)

pero
qué rara
esta ternura
no es suficiente
es una mariposa masticada
tampoco es suficiente la guerra
y sobre todo no es suficiente el amor

Otra vez aquí sola como un borracho lloro por nada
estoy sobre un techo rojo y viejo
escapé por la ventana
y no quiero volver a casa
ando la cara blanca y negra
y desde ahora soy inocente de cualquier asesinato
tengo la nariz llena de mocos
estoy sucia
desde los doce años de ahora
mi cuerpo empapado se abre y ruge
llueve
desde siempre me resbalo
de tanto tirarme a la noche caigo sola
este esqueleto flaco se desangra
como una larga tira de papel
un largo sueño

tengo hambre

LA GENTE destruye
se llena de amarguras y despliega las alas del furor y el
                                                        odio
y oscurece la noche

no es entonces esa noche la oscuridad luminosa
sino la noche seca
la noche armada de cáncer y locura
que se reparte por las casas
amarrando corazones a la piedra dura

y la ternura se vuelve un animal herido
un pedazo de hierro

HABLANDO con el chiquillo enfermo que vende
periódicos
con un ojo muerto
quedé perdida en su esqueleto flaco
oyendo palabras inútiles
llorando con cada poro
en cada poro de la calle
gritó en silencio sálvenme
y nadie oye

de un hachazo me vino
la necesidad de volar en pedazos
cortar cabezas y edificios
de un hachazo la necesidad de herir
                                y herir
                                y herir

EL VUELO de la luna
sigue aún de madrugada
la sangre baja por los poros
al pie descalzo del mendigo
sumergido en la noche
con su grito alado bajo las alcantarillas

ATRAPADA entre nudos de brazos y bocas
desesperadas
o quietas bailé toda la noche
hice de payasa
conjuré la resistencia
enjaulada
en un hueco de la cabeza mía que huele mal

LA CABEZA vuela a pedazos
el corazón se extravía

¿quién dice que se curan las heridas
que las heridas sanan?

UN CABALLO comienza a ladrar en un pétalo de tus orejas
el corazón se confunde
se pierde sonámbulo en la noche
se queja
de los niños heridos por la luna
mientras busca señales de ternura
en las piedras

Dejar el secreto

quiero decir
apurá el agua del vaso
que la lluvia solo una vez se sembrará en tu boca
que lentamente las fiestas
los toros y las putas
se acaban

apurá a gritar
que el silencio viene marchando a paso militar
y en la esquina
de esa libertad en vuelo
te va a machacar la cara

Poema no terminado

I

no perderé esta difícil manía de sobrevivir
de habitar estaciones y ojos
abierta para la soledad y el descubrimiento
dispuesta a sangrar siglos y días de fiesta
no perderé el estancamiento entre la ignorancia
y el deseo de la muerte y el deseo del amor
porque algo mío canta
como una flor despedazada por el ruido

II

soy fiel
nunca eduqué mi silencio
no aprendí la sabiduría
no comprendí el olor del mar
ni el ardor del odio
no domé las espaldas que encontré
he perdido
la inocencia incondicional hacia la guerra

III

estoy defendiéndome
estoy descascarando la amargura
duermo como el pez enjaulado
guardo un golpe traicionero
y vigilo
canto

disfrazada de comején
escojo el lugar propicio
la llamada fértil del enemigo

esconder la piel de los demás
bajo tu piel
nombrada solo porque los demás existen
desatar el olor amargo de otros
que no te reconocen

Nerudiana

I
la poesía
mi amor,
el origen
la raíz
la decisión de volver al silencio
la búsqueda del principio
de la otra cara
de las hojas prehistóricas que se murieron en el
viento
dejando en el aire las semillas:
simiente perdida.

En tu raíz encuentro
pesadas historias de mí misma
orígenes confusos
piedras pulidas que se parecen a mi cara
ternuras oscuras
deshabitantes que se van y vienen
tristes esqueletos familiares
y nombres de amigos
día y noche
y animales
calles hermanos y asesinos
multitudes y sillas rotas y alacranes
y me encuentro yo

contemplando estas latitudes
estos sueños
estos oficios
sorprendida por tanta respiración desesperada

  II
la lluvia vegetal abre canales
para que la vida pase
y se reúnan piedras
caballos
horizontes y aguas
dientes y abedules
montañas de cuarzo y dendritas
oscuridades y verdores
pájaros y mariposas
huesos y silencio
la lluvia que reúne los olores de la tierra
los animales y el viento
todo
libre

entrando en la fertilidad me encuentro
entrando en la respiración animal
reverdeciento en la tierra mineral de tu boca
en tus ríos
tu saliva me fertiliza
me cubre con la serenidad del agua
me enseña
todo
libre

Habitante

empezar a quererte
y aprenderte
es mi alimento
crecer por tu piel
sólo porque tu piel existe
como un pájaro dulce para los días

tiemblo
herida por ese arado en las yemas de tus dedos
herida por tu boca
que llueve

EN NOMBRE de mi locura y de mi realidad
y de tus ojos raros
de mariposa deshilada poco a poco
salto al encuentro del circo
en nombre de todas las cosas que respiran
este aire
contaminado
escribo unas palabras sueltas
absurdas
te doy mi respiración vagabunda
dejo tirada en tu ventana la lluvia
gotas de un sueño quebrado
y vuelvo a renacer en las plumas de una paloma
en su último vuelo nocturno

Conjuro

amor
cabeza de pájaro comido
rodando por las ramas hacia la enfermedad

cucharada de agua
sudor del mar
trabajo del panadero
me mueves
me torturas
me requieres
y quieres quemar en mí tu luz de bengala
para serte fiel hoguera

y olor de bocas pasajeras que me olvidaron
que me abandonaron como si fuera un pájaro muerto

lo soy...
el viento que me desordena me recuerda una herida
que se adhirió al silencio
y el ruido infinito que hace
es el amor que malgasté

"ODIO LA MUERTE"
es el nombre del pájaro que brilla en la noche
poseyendo el lecho dulce del deseo

es el nombre del pájaro que brilla en la noche

La noche se incorpora

es tarde o amanece
y la noche entra en mi cuerpo como un pájaro
amarrado
y ciego no sabe qué hacer y encuentra pedazos
escondites
en la sangre que le recuerdan la humedad de los días
llenos
y el silencio del ruido el aleteo de un corazón que
alguna vez
poseyó

HAS ENTERRADO mis huesos en la arcilla de tus días
abriste el fuego en la yema de mis dedos y te fuiste
por eso resguardo tu silencio como una piedra de sol
que podría volverme ciega
por eso
no perturbo el odio

sólo en la oscuridad secreta podré verte
tocar el salado aire que sale de tus poros
son semillas de vida que nacen misteriosamente
adheridas al silencio
te amo

habitante en mis sueños
semillero de mi sangre

DESGRANANDO poco a poco
diente a diente
la oscuridad de tu cara

amo

vos resbalás por mi vida
como una gota de sangre
que el tiempo petrifica

vos sos mi helecho
mi silbido
mi sillón

de mis ojos de perro mordido salgo a cantarte
vos sos mi tibieza apresurada
donde mi espalda golpeada
y mi espalda traicionera
se duermen

Esperadero a medianoche

hice un fuego ladrón para vos
ojo de pájaro pescador
nunca te habían dado cosas así
rotas y bellas
como niños tormentosos
olorosas a río
a limón
yo sé que no

hice un fuego y te lo dejo para que vuele por tu vida
por tus luces de pobreza

Te hice ese fuego
porque me arrancaste el sueño de raíz
mi asidero cotidiano te lo llevaste
y a mí ese fuego me da miedo

y aún con la cabeza entre las manos de la locura
te llamo
para que vengás a llevarte lo que es tuyo

sabés que mi voz sale de las piedras
sabés que tu voz cruje en mis sueños
sabés que el sueño me abre la boca y me condena a
percibirte

(sólo tu lengua algún día de lluvia
conocerá el secreto
de la fertilidad de estas palabras)

para volver a verte necesito un día violento
una mancha en el calendario

has comido mis entrañas
y la luna me sopla al oído palabras oscuras
que hacen ruido en las heridas

ojo de pájaro ciego
ando

EN CUALQUIER lugar
en otro tiempo
ya ves
el hilo del amor persigue nuestras caras
que ayer fueron luna y noche
mar y sal
vida y muerte

IV

a la lucha del pueblo nicaragüense

PIENSO EN ESOS HUESOS que se quedaron sin enterrar
cubiertos por el aire que pasa
huesos heroicos
que murieron cuando había que morir
y levantaron la vida por encima de su muerte
hiriendo la tierra con sus ojos abiertos

a ellos quiero darles la muerte como una flor
que sólo los encuentra para conversar
abrirles los huesos y pasar por ahí su amor en
movimiento

quiero estar entre esos huesos
besando la historia que construyen
haciéndome parte de esa sangre libertaria

YA SON SIGLOS en que buscamos la palabra
propicia para desterrar el silencio
y denunciar a la flor opaca de la libertad

Esgrimiendo una garganta desquiciada
abrazada a los ladrillos de la calle
confundida por esa otra sed amorosa
no encuentro en los días más días más otra cosa
qué hacer qué pasa
cómo ahogar la piedra enana del cerebro
deshacer las voces de negocios comerciales
desmembrar las bancas vacías
pregunto
cómo desenterrar la vida?

el ruido del viento me retiene en el silencio
llamándote con la voz de las hojas
en medio del remolino de la noche
eras un hombre herido Eugenio
te invoco te necesito es tu calor moribundo
permanente en mi aire

hay un olor de volcán derretido en los ojos de la gente
hay un gesto quebrado

recuerdo a federico garcía lorca
perdido en la multitud de concreto
destruido en la extrañeza
envuelto en salvajes palabras de amor y muerte

Acercamiento

mal nos abrigábamos nosotros
Eugenio
el pan y el agua nos hacían falta
hermano caluroso
mal nos defendíamos del viento
que nos deshizo los ojos antes del amanecer

como el amor disuelto en sueños
tu alegría no me deja
seguís arrancándome los hilos sucios que quedan de
la noche
seguís volando con tu risa en mi cabeza
estas noches Eugenio
tu muerte rara
me hace quedarme más quieta
para oír tu voz que congela el aire
aquí el olor de tu respiración es un perfume amargo
un triste viento de mariposas
que me llama

El día a medianoche

¿adónde está la vida que me hizo reír
cuando corría con un pájaro en las manos?

¿he de acostumbrarme a este muro sin mancha
a este ruido sin mariposas
a una cabeza de dos y dos son cuatro?

¿he de asomar la cabeza donde a mi corazón no le
interesa?

¿y quién terminará de arruinar el día
si no yo?

Piedras encontradas en la playa

las piedras simples
palabras escritas
con líneas oscuras y limpias
pequeños microorganismos con mar peces viento
espuma en su corazón
mineral por todas partes

de vez en cuando alguna lleva incrustada
partículas de algún temor

piedras vegetales y humanas
materia viva del silencio y de la furia
van y vienen
las lleva el mar adonde el mar llega
a puertos
y lechos
a bocas
y abismos
las piedras marinas en que lo que soy canta
y perece
y vuelve

Contra fama cronopio

como en tu nombre escribo: "y las hojas caen el amor la
poesía…"
todo es tan aburrido
cosas que hacer cosas que deshacer
la destrucción llega toma asiento y da un discurso

y en medio de ese discurso una palabra salta encima de otra
y la golpea en la nariz arrancándole de cuajo la coma
y el grito crece hasta emborronar todo el cuaderno
donde yacen de yacer de perecer
tantas flores disecadas por mi hermano

una tinta azul fluye por todo el vecindario de casas
arruinadas
de borradores tensos
de pajaritos desplumados
de pedazos de erres de kas desteñidas
de emes oblicuas

mientras una mano con dos dedos turbios hace que mejor
llueva
para que no salgan las hormigas
que apenas ayer vinieron a invadir toda la claridad de este
lugar
inhabitado cuadernario obligándome a cubrir la poesía
con un pantano de estrellas
para hacerla pasar desapercibida

EN ESTA CIUDAD escribo
en esta ciudad que no da nada
sólo penumbra y claridad

ninguna sangre buscando ser nombrada
ningún cuerpo tirado en la calle cotidiana
en esta ciudad sin mancha ni piedad
escribo

CÓMO

de qué hablaremos cuando las palabras nos mutilen?
después del día he querido morir
las flores del mal caen y se abren
y aparece roto un reloj hecho de viento y sangre
en esta ciudad
aún sueño
y tal vez no he querido morir

veo mi palabra encenderse
buscar la forma
perderse y morir
por qué?

Hablen los sin cabeza los que murmuran en el diluvio
los deshabitados
con palabras libres
no palabras que destruyan el deseo
no palabras que recubran el miedo
con palabras que ardan

sólo el desencanto ha venido a hablarme
a desechar juegos y porvenires

esta paz no quiero
ni estas palabras

MARIPOSA ENTRE LOS DIENTES

Publicado en 1991.

I PARTE

Objeto volador no identificado

Ninguna luz existe y no me importa
demasiado sol tiene la luna
la noche brillante y sus rugidos de dinosaurio
apresuran mi corazón

en esta calle ecuestre no me puedo quedar quieta
mis piernas suben y bajan corriendo como si fuera
la última vez cada vez más
intensamente firmes sobre esta tierra intensamente
callada y triste

Ojos de poeta

Ojos alucinantes de cada noche
con que se corroe la poesía

cerveza de espuma demasiado bella
de transparentes memorias
donde la palabra es el ejemplar intocado

boca de lirios demasiado protegidos
dientes que mastican con precisión científica
la increíble densidad del corazón

no tocar el resto
el claroscuro puede quemar el nítido papel
llenándolo de olores inoportunos

sobre la perdedumbre
amarillo asfalto
donde la sangre no deja huella

VENGO A ESTA VENTANA luminosa
para que se siente mi espalda a conversar con la luna
para que caiga la espuma de la noche sobre mi boca
con un ácido poema
quiero que las plumas de mis hermanos muertos
vengan
a jugar en mi lengua de lluvia
en mi cabeza remolino
y empollen una bella mariposa entre mis dientes

Contra el silencio

Tener una gran risa en la boca
irónicamente cotidiana
una terca y rosada risa
que nos abra los dientes para soltar el silencio

aprovechar la noche que solo la lengua lo sostiene
lo amamanta
hierramente soñando
abrigado el silencio
sin un solo rasguño en la vida
sin saber si vive feliz hasta cierto punto
vive feliz

el silencio
¿darle color a sus hojas?
¿regarlo en la mañana?
mejor desabrigar sus huesos y aplastarlo

de los solos en la multitud que arde
de los muchos en medio de los solos

de rabiosos afectos
su corazón abierto vibra
de esquina a esquina

su brillantez rompe los ojos de los muros
su noche más luz cuando se precipita en la garganta

desde la sal de las cárceles
canta su aire de vivo camaleón
sale por los poros del hierro
y canta
con su arma intacta

Y esta piel intocada de la poesía
rodarla entre muros y musgos
abrirle las puertas de la sangre
enviciarla en el dolor
esta herradura de la suerte oxidada
besarla hasta sacarle brillo
esta voz de letras de fuego
tentarla hasta que salga
este amor suyo sin ruina
arriesgarlo

ABRIR LAS AGRIETADAS MANOS de par en par
y anidar ese invierno de la palabra
madurar el frío vocabulario
y si se quiere violentar el mundo
la medida exacta y tirana de las cosas
tocar su borde húmedo con dedos de pluma
su luz acostumbrada
sublevarla
su cabeza arisca
despertarla hasta tal punto
que escupa
la iracunda palabra del tiempo

¿De qué sueño las palabras
sostuvieron el deseo?
quedarse quietas en medio de ríos de sangre
y no llegar nunca

¿quién dijo
no se puede beber esa sustancia peligrosa
de que está hecha la palabra?

amarga y llena de memoria
no inocente animal
ni pasajero humus de la lengua
ni fulgurante piel de ningún sueño

su duro abrazo
es mejor que la cabeza solitaria
                              dando vueltas
en el aire herido

Como arenilla son mis palabras
pobre música que da demasiadas vueltas para
encontrar
su propio pentagrama
como viento
adherido tercamente a la lengua para no dejarme
pasar
como poeta petrificada soy
envuelta en piedras
enamorada del silencio
herida enamorada de su sangre
animal enjaulado con miedo
del miedo

Diciéndome al oído
que me van a quebrar la garganta
tantos muertos transparentes
me van a asfixiar los dedos
tantas palabras errantes y esquivas
tanta lengua sin sal ni calor

en un pedazo de papel
retórica sin aire

Nacimiento de un cocodrilo

Para Carlos Martínez Rivas

i

¿Cómo hacer este poema que ni siquiera puedo asir
cómo devolverle su sombra
cómo meterle en su borrachera estéril
esta ala de cocodrilo
cómo descubrir su escama descendencia conmigo?

¿cómo que mis dedos voladores
abracen su lomo encendido
cómo meterme en su cueva debajo de sus helechos
en su pantano
robarle el fuego
a este poema virgen cocodrilo llameante palabra
iniciarlo en la sangre de cada noche
poner mi huevo entre sus oscuras cicatrices?

ii

y pasear yo con mi pequeño hijo
cocodrilo insatisfecho
feo él
por las avenidas por los charcos de este país
pobrecito mío
acomodarle sus alitas
y

como se suelta un papelote
en el potrero después de llover
soltarlo
a ver si vuela

ME PERMITO
tocar este oscuro tiempo
aguar
poetizar sus más estériles manifestaciones
doblegar su espalda desteñida
traer hasta mí esta seca estación de invierno

me permito aliviar la estepa amorosamente hiriente
que es la ternura
por donde uno recorre noche y día
cadáveres que se deshacen
no me permito tocarlos: su brillantez de espuma se filtra
como sustancia suicida en mis oídos

me permito llamar con voz de animal
a la estrecha palabra a su seno maldito
a su entrañable sangre lluviosa
quiero convocar a las piedras su miel amarga
a la tempestad consciente del alba
a la piel hermética del sueño

mi voz reciente
para el resplandor del viento vierte su aire
garganta fértil
oblicua palabra
salamandra

hierve el viento en mi cuarto marítimo

II PARTE

a Macarena Barahona

Si estuviéramos en un bar
mucha gente amigos el humo de los trashumantes
mis ojos cruzarían las maderas inestables de las mesas
te buscaría con dificultad entre tanto diente
en las garras que te tocan
seré sería una luciérnaga
queriendo no apagarme entre estruendosas rodillas
y la espesura del alcohol que me cubre como una ola

estaría
con la cara raspada de andar sin permiso
por la oscura ternura
contenida en un único abrazo proyecto de avestruz
emplumado con sueños para que no arrase el frío

necesito un lenguaje que perdure y también tu saliva
de oropéndola
es temprano y no quiero despertar a nadie
no puedo hacer trizas la calle
sacudirme las plumas del cerebro
no puedo volar
estoy aquí
hundida en la estación de células amargas
con esta música del desierto entre los brazos

Hoy no es domingo

i

Dejame explicártelo
pocas veces tengo tanta palabra en la boca y se me
dificulta hablar
con la sensatez de las piedras
es de noche no es domingo
y todo está patas arriba
o quise haberte querido
es de frío y mi lengua
una manzana podrida
cubierta de pedazos de mareada sal
en tu boca amanece
desapareció la luna su filosa luz de lirio
la sedosa cabeza de vidrio
los ojos embrumados
acechando
la tinta lila de mi voz

ii

el aire es más preciso
quiero decir aquí
uno puede oler su boca mientras canta
mientras trabaja
mientras se quita el polvo de la nariz
y aunque dé vueltas esta noche
el corazón desbocado golpeándose en las paredes
su quejido no es más que una pluma

iii

toda esta fauna
todo este aceite dando vueltas en la cabeza
este motor sin sentido
arrollándome en media calle
debí haber sido el policía que pregunta
en lugar de morirme y decir a todo que sí

iv

ya vuelvo
todavía quedan pedazos
podridas lunas que repetir
manzanas de agua con sed
flores que uno enreda y desenreda
duras palabras que no quieren dormir
esperan en el hueso de la garganta

cosa curiosa la noche

v

apenas yo cierre la puerta
quiero que olvidés lápiz y papel
y apuntés en la memoria
que me he ido
que me fui
adiós

vi

cosa furiosa la noche: mandrágora y alcohol

más espeso el día
con su desencantada luz obligatoria

Yo también transpiré esa sequedad
me bebí el tiempo de un largo trago nocturno
mientras la música caía
y las flores derretidas
en la intensidad del calor entre tu ojo y el mío

buscando el ron para sostenerme
para no salir volando por la transparencia del aire
entre la ventana que mira hacia la noche
y la puerta que mira hacia la lluvia

yo quería quedarme quieta
abrazarme a tu cuerpo oscuro
mientras el alcohol germinaba en la garganta
mientras crecía la sed y la oscuridad
echar raíces ahí
quiero decir
sacrificar la luz
a cambio solo de esta noche

a Macarena Barahona

AHORA QUE ESTÁS AQUÍ
cerca del silencio
y como decía un poeta mi voz no te alcanza
te siento al filo de una ciudad fantasma
cruzando tus ojos por alcantarillas ajenas
de calles donde la sangre ladra

ahora que estás aquí y ahora que yo soy
esa montaña azul que no podés tocar
ahora que es mentira que con un poema logro
hablarte
tocar tu pelo o tu rodilla debajo de la mesa
porque tan solo son palabras animales locos
enredados en el cuerpo

ahora que sos más un ave que una piedra que
permanece
solo una paloma en medio del mar
salpicada de espuma y gasolina de los barcos
sucia de noctambulismo
sos un viento que se me queda pegado a la garganta

en la mesa se derrite la cerveza que compré para vos
es invierno
y llueve

Yo me pregunto la muerte
un instinto poético
hipnotizarte
retenerte
descifrar el silencio que te envuelve
aternurar el nido
adormecerme en tu cuello

palabras blancas como olas
en mi boca
nada queda

QUE ME SIGA AL DESEO
que yo siga el deseo
que ahueque su plumaje hasta encontrarle el centro
que yo envuelva desen
vuelva hasta quedar intacto el aire que persigo

que encuentre el signo
la grieta en que el viento /
que se desdoble su boca al rozar
la con la palabra
inevitable lengua que araña el suelo

que ella siga siendo
yo
tal vez quiera seguir siendo

INTENTO
decirle a tu boca
acariciar
limpiarme los dedos y entregarte este hueso
transparente
pedirle al agua que se transforme en silencio y anidar
en vos
serpiente desbocada que se cubre con el lirio

intento
despreciar el día
la noche tocarla
porque es el hueso vertebral del corazón
su oscurana deliciosa que se oponga al sol de las
madrugadas

abro esta noche y florece
alimento su sed
desanudo su plumaje frío para sobrevivir

Muchísimas lilas
he tragado
para poder sostenerte
multitud de piedras me golpearon la garganta
un suave frío una yerba solitaria y siempreviva
no alcanzaron
para vos
para la delicada trama de tus sueños

no he podido
cercada por tanta respiración desesperada
desesperarte

mis palabras
inclinadas como hongos
nervioso el viento que las sostiene
ensombran más bien tu piel
en fin
demasiado luminosa para mi corazón

III PARTE

para sostenerme
mi cabeza se enciende con un fósforo anónimo
la mariposa de federico se asoma en mi garganta y
dice
hay marea
oscura soledad
dificultad para encontrar la salida

y en medio de esta marejada de olas nocturnas
entra mi corazón a combatir con el frío
con la sangre que se agita en el ojo
a dar plumazos sobre esta vida oscurecida
y florecer golpe a golpe

dobla mi espalda su esplendoroso viento
su voz se sustancia en el arcoíris de mi boca
me subleva el alcohol oscuro de sus ojos

la noche es mi ficha
mi dado
reposa su juego ardiendo entre mis brazos

con ella me juego estar aquí
volverme un animal de palabras salvajes
me juego perder el silencio
quemarme la flor de la boca

Hierro

erro

errante de aquí para allá

como un sol buscando sombra

como enjaulado animal que rasga el aire con uñas de
diamante

como ladrón con su medio ojo nocturno

como yo

exactamente como yo

piel de serpiente

dientes de carbón

boca de sal

lengua de la noche

Y EN ESTE IR Y VENIR
quiero saber
¿quién va
quién queda
quién con sus palabras muere
quién aún llora?

éste que no pudo salir de su olor herrumbrado
de su dolor de cabeza
de su dolor de lengua
este ennocturnado animal al que todas las íes se le
agolpan
le soplan
fuego en los oídos le perturban
su tranquilo sexo
éste que patalea rabioso
contra todas las frutas y todos los colores
éste con olor de lirio de mercado de puta
de basura en las axilas
éste que marcan con sangre en la puerta del corazón
éste oscurecido temprano demasiado temprano
este pobre
mareado por la sal de su mar y su silencio

ME GUSTA OLER LA NOCHE
pasar la mano por su piel
abrir boca a boca su transparencia
tensar su cuello con anónimas salivas
desdibujarle la espina dorsal
hasta que se quiebre

retener solo para mí su sal oscura

FRENTE A ESTA VENTANA oscura
y con una ligera piel de serpiente
mas no luminosa entre las palabras
torpemente agarrada a este tiempo
abro letra por letra las piedras
sus escamas transformadas en alas
suspendidas en la garganta

esta letra es la luna por ejemplo
esta es el sol y después su sombra
una mariposa
la luna y unas gotas de madera en los ojos

Yo PODRÍA QUEDARME quieta
ver la lluvia apagarse
no tocar nada
dejar que el musgo se llene de oscuro
que la soledad anide en mi espalda
en el caracol ardiente de mis revueltas noches

podría quedarme callada
esperando que me contaran las piedras
su canto de guerra
que me abrieran sus huesos hechos al silencio
su escama ardiendo día y noche
y su aire
donde la húmeda serpiente se desliza aceitosamente

si yo fuera la noche
la noche su vuelo
capaz de alcanzar la muerte
como una flor inesperada
resplandeciente en mi lengua

casi entonces el terciopelo del mar mi corazón
abierto
mi corazón no mío
mi muslo para sentir la vida

Más que triste

Antes de irme
debería prender en la boca esta llama
que hace siglos estoy interrumpiendo

bocabajo mi sombra
bocabajo su sol
por ahí ruedan las palabras
cada vez más hacia el silencio
hacia piedras donde se quiebra la voz con que quiero
taladrar las cosas

comenzar a dialogar conmigo
con los anillos de mi serpenticio cerebro
con el improvisado color de domingo
con las hebras más oscuras alrededor de la lengua

el hielo el aceite de mis fibras fundido con el alma
para no decir nada
para torturar esas tuercas de la boca
para olvidar la sangre de otros

estas inútiles palabras que desprecio
esta noche y tantas otras
cuando me pongo a escribir a caminar a querer llegar

¿alguien quiere
            nadie

al fin sostener mi trago de agua
mi sed

mientras corro
a la esquina
mientras llego?

a Rodolfo Dada

Estaba sola diciendo mi soledad pensando qué soy
sino una humareda que se ve solo cuando pasa un tren
una violeta de un color desaparecido una mujer
que pregunta dónde soy qué piedra me sostiene
cuántos hermanos compañeros
heridos vivos muertos explotando con su sangre
minando el aire
con cuáles me quedaré
esperando irme algún día anochecer como ellos

ahora no hay ninguno no están ya se fueron
a sus casas a sus cosas a sus duros abrigos
a la conversación infinita de los pájaros y las orugas
en la montaña quebrada
y en sus oídos cerrados para siempre

IV PARTE

Patria insuficiente

Agua de vos
violeta húmeda de tu boca
si yo pudiera inventar tu signo
ese casi miedo que te cerca
si pudiera tocar tu noche y tu aventura
ponerle alas a tu alcohol indiferente
acompañarte cada vez que cruzaras las esquinas

si pudiera deletrearte y encontrarte
saber cuál es tu amor cuál es tu falta
saber cuánto
saber cómo

pero ya ves
la palabrería me muerde
me remuerde por la espalda

tengo una boca desagradable esta madrugada
el sudor de la conciencia me cansa
y nada me retiene del lado de la almohada
ahora es
cuando maldita sea la vida
y todos sus accesorios
incluida la patria
y sus dulces catecismos

esta noche
como otra cualquiera
al tratar de darte nombre
solo sombra se me viene

se me sale
la oscurana por los poros
el salivazo profundo
sin chance de arrepentimiento
espesamente arde
cuando toco el papel lo mancha

Me entrego a esta ciudad estéril
si no puedo destruirla
y rehacerla
aprenderé a estar con ella
con su sal y sus traidores

aunque se coma mis ventanas
y sea hierro entre mis ojos
prefiero su sal que sus caricias

El Salvador

a Mario Castrillo

*El Salvador, 1981. El ejército salvadoreño asesina a
cientos de niños, mujeres y ancianos que tratan de
cruzar el río Sumpul huyendo de la guerra civil en su
país.*

Podría hacer de este dolor
una delgada hebra del sueño
envolverlo en una lluvia que cubriera su olor de
sangre
olvidarlo al despertar

pero
se quiebran mis dedos
una flor calcinada saldrá de mi boca
antes de terminar este poema

¿podré
deslizarlo por las espesas veredas del corazón
darle de beber mi leche ensenada
como de una miel segura
acercarlo a mi lengua hasta hacerlo florecer?

Pero esta poeta del espejo

Pero esta poeta del espejo
afila sus armas
reparte entre sus pelos mestizos la cólera
su dura ración de impotencia
la tristeza en el rincón menos visible
y se acuesta en la yerba húmeda de los días
besando un lirio que le corroe la boca

y sueña
ese sueño
áspero en que el país
arde lamiéndole los ojos
en que al país
se lo comen hundiéndole los ojos
se oscure cerrándole los ojos

Manitas de salamandra

para Mario Castrillo

He puesto pezuña en tierra como un animal sereno
al corazón mío tan caótico
para abrigar tu voz
y que me acompañe en este invierno
mientras exijo a la noche tregua
para armar un collage con lo que queda

manitas de salamandra tu risa
manitas de salamandra tus ojos
tus dedos chuecos
tu corazón hermoso

los dientes tuyos mordiéndose la uña
la uña de estar solo
la más luminosa en tu dibujo
la fruta de tus noches frías
Hoy me encontré tu carta
y tu mano flaca dibujada sobre todas las palabras
como un arcoíris

CRUCE DE VIENTOS

vida, muerte, amor
ahí quedan...
Miguel Hernández

Publicado en 2005.

Dibujos de Marisel Jiménez

I
ATMOSFERATUS

silencio sobre el agua

poema perdido

yo envuelvo esta luna
abrazo su caracol ardiente
no se acostumbra mi espalda a su falta
su voz de alcoholes recientes
perturba el aire con olor de liria

Entiendo tus pertrechos
el plumaje que crece en tu cabeza

pero yo quiero tu noche no tus noches
tu ternura no tus ternuras
esas cosas perecederas
de hoy sí y mañana quién sabe

Aquí la palabra se espesa
el amor resulta demasiado
pesado
muy complicada su armonía musical

prefiero ser canto debajo de las piedras
garúa intermitente

estación cero

si vuelvo
y beso
el puerto de tu boca
que apenas humedeció mis dientes
si soy poco
demasiada neblina para tu sedosa cabeza
imperturbable
si abro
con broncas palabras azuladas manzanas de agua
este corazón que cree
contener hermosas estaciones donde el sol crece

si intento
siquiera asomarme
sin pretender saber si una cebolla
o una mandarina...

si vuelvo y dejo
sin que se vea
en tu cenicero de aguas
una ola creciente

si sólo fuera el viento
que navega en tu espalda
que no se apague

(adiós)

cuando salí
estaba la luna esperándome
quería ver mis rodillas quebradas
y la neblina que salía de mis ojos

empezó a llover
y caminé arrecostada al viento

los pies me ladraban

cerveza con sal

gira, vibra, bebe
esta garganta acostada en media calle
con la saliva hecha pedazos
y una memoria triste

una algarabía de mares y alcantarillas
me sube a la cabeza antes que el alcohol

huele a flor oxidada esta lengua
palabrejas
medio dormidas
luces esfumantes de aquí y de ninguna parte!

pero vine aquí a celebrar
a probar a qué sabía

y es amarga la amargura
y la soleada ternura desabriga

en esta trasnoche
de ajo en los ojos
el papel oscuro
menguante
corta
trafica
enseña los dientes

uno para el viento

trataba de acercarme a vos
sin hacer ruido
como los gatos
temo que despiertes y el dragón me coma

así de cuatro y dos son seis está la cosa

después de tantos años
no he dicho una sola palabra
ni sola ni acompañada
sigo siendo viento
silencio sobre el agua

mi prehistoria es otra cosa

antártica

quiero dejar la palabra reposar
olvidar qué es   a qué sabe
cómo se dice   cómo se escribe

quiero ser yo
quiero decir mi cuerpo
eléctrico hidroeléctrico nuclear
eólico vegetal
el viento aquí en mis dedos
yo y mi ellos en mí
transparencia
sin voz ni poesía sin lenguaje ni paraguas

¿ves?
mi brazo es mi brazo
mi ojo es el ojo
mi pulmón es, sí, mi pulmón asmático
nada menos y nada más

estoy tranquila en mi antártida
el sol brilla en esta noche mía

soledad

¿de qué está hecha la soledad?

¿de piedra dura y suave?
¿de un corazón sin espejos?
¿de una espuma de mar que no termina de llegar?

NO LLEGARÉ
sé que no llegaré y no me importa

para qué quiero este día, estas nubes?

preguntaré
gente, cómo están?
adiós

¡qué espesura la de esta lluvia!
qué montaña de noche se metió en mi vida
adónde llevan tantos huecos brillantes?

adónde ir?
retroceder?
como animales sin patas
(no me oyen)

corazón suave y sin canciones
mi voz de ocre y humo

llegará adonde pueda
llegar la noche

federiquescas

I

gatos árabes

disfrazados de pluma deambulan los gatos
por las calles de Granada
me miran con ojos desilusionados
desde oscuros rincones de piedra
en una Alhambra que ya no es roja ni amarilla

escondiéndose
escribiendo misterios con sus pezuñas de agua
al cruzar los adoquines.

Almendras, alejandrinos, piedras y plumas
en mi boca granadina y federiquesca

el olor de los mirtos, el jardín...
el perfume de ochocientos mil siglos moros
perdura perdido entre las callecillas

Me asomo a los gatos y me responden gruñidos
y besuqueos
ávidos de bronce y hierro

Por las calles de Elvira
camino hacia la nada

no hace falta el tiempo ni la muerte y ni siquiera la vida

Las almendras salamandras bajan de los muros con
colores nuevos:
incienso y sangre de espadas
¡incienso de espadas y sangre de fusiles!

Entró Federico
(yo entré y en cierto modo la ceniza)
a la calle de los gatos granadinos

Llueve.
Esquina a esquina atrapada llego hasta la Huerta de San
Vicente
sólo el polvazal rodea la casa blanca y verde de Federico
ya para siempre cerrada

mis ojos también se cierran
también se mueren

también saborean el alma destrozada
también yo no quiero nada
también yo prefiero morir

Granada blanca. Fuego.
Arañazos en el viento

Se quedó solo
sin voz

cruzo el empedrado y me lo encuentro
no me dice hola
no me dice
no nos quedemos aquí
          que me persiguen las sombras
                    y el silencio

II

él me mira y yo lo miro
él me tienta y yo me quedo

el me ríe dulce y yo me entrego amarga

Federico sabe
de qué estamos hablando

de nada
    arena
        sueño
            encantamientos
                nubes

III

y en este cruce de vientos me encuentro con vos
como en un cuento de borges de salarrué

las patas de la mesa son de noche

el principio y el final se tuercen en mi boca

la pluma vuela
pero no escribe

IV

despiértame
Federico
no tengo manos

despiértame con tu lengua de salitre
abrígame en nuestra madre

¿cómo se dice mar cómo se dice luna?

poemaszuecos

mercado

los trashumantes encienden sus pipas
pero no fuman,
se rascan las orejas

el arcoíris tiembla en la calle
asoleada por el granizo

Ámsterdam
ciudad impura.
Demasiados alelíes en tu pecho de diosa.
Huele a carnicería.

Yo sí fumo esta pipa y me consumo.
Mercachifles en la plaza del olvido.
¿Quién me oirá?

Roe la luna su metal motorizado, a dentelladas
prueba la espuma de sus labios y sangra.

¿Es eso música?
Sí, es música.
Suena a salsa.
Sí, es salsa

aunque no pueda ser porque es bolero

fotografías en mi cuarto

¿y yo para qué tengo a todos estos poetas muertos?

¿a todos estos poetas borrachos?
¿a todos estos poetas tristes?
¿a todos estos poetas-yo?

Roque con su ron y su café
y sus cárceles interminables,
Federico que cruza la calle de Elvira
contando los adoquines sin final,
Eunice, que me mira desde la nube
donde se subió para siempre
y así dejáramos de verla,
Carlos en el autobús de san pedro
con su aliento hereje
reflejado en el vidrio invernadero,
Alejandra, recostada en mi cama
escribiendo piedras para irse,
Fernando, caminando despacio para no perderse
en sus sueños marítimos,
Virginia, soñando los sueños de olas furiosas,
Frida, que me dice espera
quiero que alguien me acompañe hasta el final...

pero yo, ¿qué espero?

Alejandra Pizarnik

¿quién puede olvidarte?
tus dientes madrugan
en mi almohada

la saliva de tus ojos
entra por la ventana
con el viento del invierno

es tu luz —oscura— allá
entre las hojas secas
en el río

¿quién podría esperarte?
mi querida hermana Alejandra

      óyeme cantar en el día
        óyeme cantar

invierno en Gaasperplas

Si pudiera llenar este papel con letras nuevas quizás
sería suficiente para encender aunque sea una
esquina en este cuarto oscuro

este cuarto no es oscuro
no hay oscuridad por aquí cerca
todo es luz que se deshace
ahí están los árboles y el frío cruzando la ventana en
el jardín
no hay oscuridad en este cuarto
es sólo mi sombra que se mueve
yo que me repito
sólo la mesa, la música, el sillón
el caballito de madera
China, India y los pájaros quebrándose de miedo

"blackbird singing in the dead of night...
blackbird fly..."

Centraalstation

qué parte más grande y más vacía
qué parte más silenciosa
más sin explicación
más pretérito pluscuamperfecto
qué parte más honda
más desequilibrada
más tierna
más deshecha
¿qué parte en mi cuerpo
en mi boca
en la memoria de los ires y venires
en los pliegues secretos de la noche y el día?
¿qué parte sos vos
en la yema de mis dedos?

¿y hasta cuándo te vas a quedar así,
inmóvil en mi vida
desatenta en mi muerte?

con Van Gogh en el museo

mansamente
como si no vieran nada
mis ojos
abrazan tu corazón

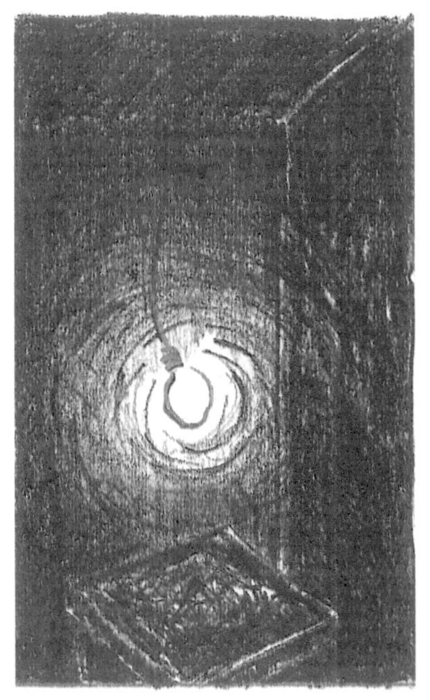

aserrín de lisboa

British Bar

Cais do Sodré
estoy sola y me encanta
todo es nuevo como en el infierno

¿cómo me deben gustar las personas?
¿cómo las cosas?
¿cómo la vida?

(espacio en blanco para respirar)

Espero. El fuego espera...
y mi cuerpo hecho de agua
y mi alma hecha de ceniza

¡Todos tan aburridos!
¡Todos tan callados, intactos!
¡Hay que sacarle plumas a las piedras!

En este British Bar de Lisboa
donde los muertos recuerdan a Malcolm Lowry
hay en la pared un reloj al revés
Tal vez así sea aquí la vida

mi vida

museo Gulbenkian

me gusta el verde brócoli
el que mancha
el asfalto de amianto

el que revive el olor de las margaritas
que crecen en los huecos de la noche

me gusta el verde brócoli
con su arcoíris bostezando
de miedo y humedad

Bar A Brasileira

para Carlos Martínez Rivas

Lisboa, 9 de la noche, paseo por O'Chiado

tengo conmigo a Carlos Martínez Rivas
me lo traje sin que se diera cuenta
de nicaragua, su país casi olvidado
igual que el mío
lo arranqué de su piedra en la acera
de su poema de sangre
de su pierna sin eco
del sol que lo quemaba

lo traje para mí
para mi soledad
para mi dolor sin sombra
para bebernos juntos la vida
aunque la vida no esté

salud, Carlos!
estamos solos en Lisboa
como solo se puede estar en Lisboa
estamos solos en nosotros
y dentro de diez años también solos
igual que hoy
en la aburrida San José

a diez mil años luz del silencio
a espesuras de un abrazo verdadero

ah, poetas
todavía creemos
que la vida
que el amor
y yo agrego
que el pájaro
y la oruga
y la hormiga
y el helecho
y que la lluvia que me acuesta y me levanta
que mi corazón flotando
que mi sangre absorta cayendo a gotas
en mi cerebro numérico
16 por 23 igual 75

Carlos
¿estás aquí todavía?
cuándo nos iremos?
a veces tengo ganas
es lindo pensar que nos podemos ir
y que no tenemos que estar aquí siempre
a veces se pone un poco...

pero estoy segura de que Eunice y Yolanda
Alejandra y Roque
sabrán decirlo mejor, como yo no sé

porque a menudo no sé
hoy estoy aquí
y no tengo ganas de sacarle punta al silencio

tomemos otra cerveza
inundémonos de lluvia
o de lo que sea
ya sabemos que nada nos mata
más que la melancolía

rua Garrett

Fernando Pessoa respira sobre mi mesa
acuesta la cerveza en sus manos y me sonríe
porque no hay nadie más

ni para él ni para mí

Lisboa

huele a mar, a pescado
huele a tren, a tranvía, a hierro y sal

San José es una ciudad triste
que me recuerda a Lisboa

Lisboa es más pobre
y menos triste
no necesita cuentos para ser pobre y triste
y quedarse siempre triste

mirando el mar
oye sólo su corazón como único lenguaje
largos fados canciones de amor...
ninguna para piratas

adeus

me llaman desde Cais do Sodré las pescaderas
me agita el sabor metálico de sus manos

tocan mi corazón de mar
me arrancan del sueño en las madrugadas
cuando paso por la estación
al volver de la disco de travestis
con mis nuevos amigos portugueses
pobres y con los dientes cariados
que les dejó la dictadura

adiós Faty, adiós Shana, adiós Nuno, adiós Fernando
de Campos, adiós Malcolm Lowry, adiós tren de
madera, adiós reloj al revés, cerveza bock, poetas y
poetos que me encontraron

que me esperaron en lisboa
con la luz prendida y apagada
durante siglos
para escribir este poema de otra manera
con sabor a sal
a caracol
a tranvía
a espina de bacalao
a historia de mujer
a mi historia

Aserrín

a Alejandro Kirk

Nunca adiós
a los bares de piso de aserrín y barriles de La Baixa
nunca adiós
a las putas y las calles empedradas de Lisboa
más heridas y oscuras que el pan
de las noches en la mesa que todos compartimos
nunca adiós
a la ventana donde apareció la luna africana
de Cabo Verde
con ojos de sangre

nunca adiós
al oleaje del río
al color lento y espeso del Tejo

nos despedíamos, Alex
o tal vez no, no tuvimos tiempo de decir adiós
a esa ciudad que amamos
que recorrimos en las noches
que besamos en las bocas de mujeres y hombres
que se nos aparecieron como fantasmas
tocándonos sin creer que estábamos allí

porque también éramos fantasmas en su vida cariada

en sus avenidas
llenas de negros y negras del Nuevo Mundo
de comerciantes de pieles
de perfumes, de almas, de odios
de colmillos de elefante
de tigres muertos
Lisboa
hermosa mía
nunca adiós

II
SUEÑOS

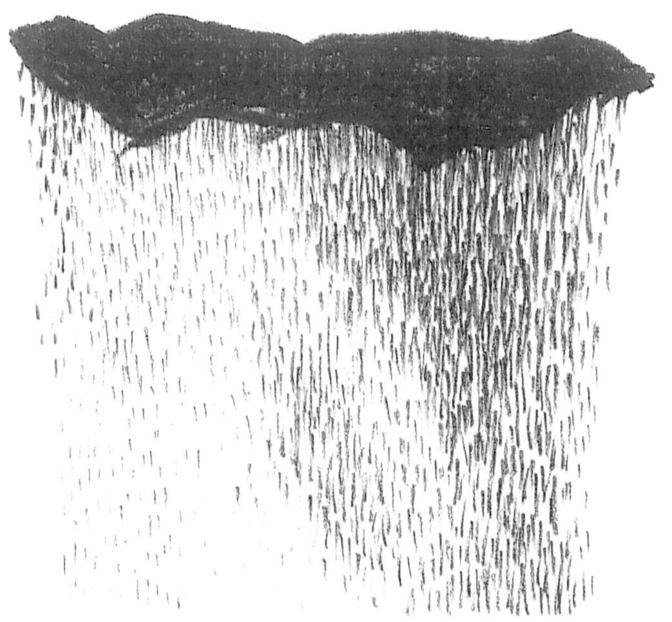

salta el viento y me devuelve sueños
que escribí cuando no tenía nombre

en la hamaca de Ana Margarita en Puerto Viejo

para Ana Margarita Gasteazoro

los ríos se deslizan por mi sueño
y mis ojos están tan perfumados por el olor del sol
que no quiero despertar

mi boca
abre sus alas para que entren más y más
a refugiarse los ángeles en mis muslos

¿de qué color son las nubes
cuando se van
transformando en viento   lluvia   recuerdos?

¿de qué color?

Atmosferaz

I
en pleno sueño
o cuando me estaba quedando dormida

pensando en la lluvia ácida
en un poema de amor para la lluvia ácida
especie de exorcismo
especie de viaje sin retorno
especie de mujer
especie
extinguida
		as it rains
		acid reigns

pensando que mis dedos se estaban poniendo tristes
de ya no poder volar
nunca más

sintiendo que mi corazón era un gran hueco negro
flotando en la Vía Láctea
brillante

infinito
sin lugar adonde ir

sin lugar para recostar la cabeza
sin regazo para llorar

abrazando un sueño
más efímero y espejo
que el gato risón

perdida
en el hemisferio sur en el equinoccio
en mi ombligo enmarañado

II
estaba echándome la cobija encima de los ojos
para no ver más

entrando en el espeso
difícil
en la parte plegada del alma
en la flor de desiertos desplegados

cuando te vi...
pasaban nubes y vos conversabas
con la oruga y la mariposa

III
estaba la lluvia ácida haciéndome perder el viento
animal flotando en mi cuarto
debajo de la almohada
enjaulando mi cabeza de pájaros
rompiendo mi lengua en espumas
en silencio radiactivo

estaba arañando todas las sales del silencio
poniéndole nombre a las cosas dormidas en mi boca
escapando de la Reina de Corazones sin Alicia que
me dijera

cuando te vi...
mujer con plumas de agua
cruzando espesuras transparentes
más profundas que el adiós

IV
estaba la lluvia de plomo
abriendo certezas en mi espalda
lloviendo lágrimas
crisálidas para mi sed

cuando te vi
mirándome
desde el lugar donde las cosas se encuentran
y se pierden

V
la lluvia duerme y yo sueño
las nubes entran por la ventana
hasta un corazón una vez más abandonado a sus
mareas
y encendido en mil oscuridades

poema sin voz

para cuál quién
qué
por qué
cómo llegué aquí
cuándo
el camino del agua la distancia entre yo y el espejo
que me devuelve lágrimas
por cuál quién
me vio llorar
sin explicar sin decir
tanto por quién?

hasta cuándo hasta dónde
por qué?

cuál mío se arrastra se mezcla con otros y empieza
a llover?

¿estaré mañana en este ahora que me abraza
con olor a sombra
me oscurece y canta
como si fuera mañana?

sueño

Me desperté soñando
con estas palabras en la boca:
tras la muerte de su padre en 1926, escribió
"desciendo por los pasajes de la luna..."

Virginia Woolf

I

hacia la noche
hacia el silencio

no podría decir que ha sido necesario vivir

II

laguna

veo las violetas los lirios
el viento en el agua desgranando mi cara
veo el arcoíris del corazón

cerca de mí cantan las chicharras
que sólo viven un día

III
I AM A POET IN THIS RIVER
OF TOO MANY PEOPLE

Me falta una palabra
me falta luz
me falta sombra
me falta soledad

no sale noche de mi boca
no sale agua
no salen madrugadas

quiero un trago de miel y un trago de sol
un trago de voz
que me cuente
y me desdiga
me devuelva y me aliente
que me sople al oído otra vez
la palabra lengua
la palabra raíz
la palabra de donde yo vengo

Reencuentro

quiero llenarme de musgo
verde mi cara
verde mi voz
verde las palabras que envuelven mi casa
verde las cosas que me acompañan y verde el sueño
que se abrió a la medianoche
de la verde madrugada

verde las estrellas que llenan de luz el cielo
verde las voces que resuenan en la tierra madre
tierra

verde la noche
y verde el frio
verde que te quiero verde
verde ola
verde adiós

Las palabras

Debo decir. Sólo para que yo no muera. Sólo para que
no pierda las palabras. Sólo para ser. Para no morir.
Sólo para que yo pueda nombrarme. Para que yo no
me olvide. Para que el silencio no me envuelva.

Tengo que decir, para creer. Para estar en mí. Tengo
que despedazar el sonido de la piedra. Oigo el agua
que cae, el río que se desliza en mi cabeza y se sale
por las orejas. Es de noche.
De noche vienen todos los fantasmas. De noche yo
me acuesto con el silencio, que me cubre como una
sábana. Y mis ojos entran en un diálogo perpetuo con
los ojos de mi piel.

No. Esto no es mío, esta no soy yo. Yo hablo, yo le
tengo miedo a la oscuridad, yo no soy un caballo
desbocado que corre sin parar hasta que el muro lo
parte. Yo me detengo ante el silencio. Yo me detengo
en medio de la noche. A pensar. A pensar en mí. A
hablar con la araña que duerme encima de mi cama,
sobre la lámpara del cuarto. Yo me detengo a pensar
en mañana, en hoy, en ayer, en muy ayer. En oleajes,
lágrimas, abrazos, en el desierto de mis manos.

Yo me detengo y beso. Me trago el silencio de un
bocado. Lo escupo. No es para mí. Para mí los
geranios, el viento que ruge, la luna que aniquila.

Para mí la tormenta. Ese silencio.

Vuelvo a dormir. Me enrollo en mí misma como Nina,
naufrago en mis sueños. He vuelto a dormir. Hay paz
en ese lado. En este lado de mi vida.
Cierro los ojos y entro a mi silencio. Abro las
ventanas de mi silencio. Entra la luz. Entran los
colores en mi silencio.

humus

yo sé
que dentro de mí / estoy buscando
yo sé / que dentro de mí / se teje un hilo

yo sé que mi cara comienza a descascararse
que mis dedos construyen palabras de agua
para que mi boca eche raíces
yo sé que mi cara se descascara como el árbol
sembrado
bajo la luna llena

yo sé que mis palabras
arrancan dientes y guirnaldas
que mi cuerpo humus se deshace
como un río
como todos los ríos que sucumben en mi corazón
yo sé que me oigo
tom tom tom
las puertas se abren y yo espero
yo espero con un hachazo de cebolla

Danae

la mariposa pone sus huevos
diminutos
de uno en uno —uno por hoja
en la passiflora—
una hormiga puede llegar y comérselos
o puede llegar el sol, la lluvia, las estrellas, el viento
y transformar ese silencio verde
en una algarabía de alas
en un mar de colores / de lenguas
de lenguajes

Pacífico

I
Duermo de medio lado, como los peces
Me duele el corazón como a los peces
cuando los destazan en la carnicería

Me duele el corazón / me duelen las palabras
me duelen las escamas que me envuelven

Me duele el corazón de medio lado
Me duele la ventana que se abre
como un trasatlántico entre mis venas
No quiero abrir la puerta que le abre la puerta al
silencio

El carnicero prepara los cuchillos
uno para cada pescadito
uno para cada ojo
y deja caer / envueltas en oscuridad
las escamas de mañana
corta el aire
corta la respiración
las aletas vuelan en sangre
huesos sin nombre / sin madre / sin mar

No quiero esperar / no puedo
ya estoy llegando al borde del estrecho de magallanes
al polo sur antártico adonde quiero llegar

II

Apago la luz y me sumerjo en un mar de oscuridad

la oscuridad toca mi piel y duele
me duele el silencio de mi boca
me duele el silencio de mis palabras
las semillas de mis palabras
el vacío cósmico que siento en la garganta
me duele la espuma de lo que no conté
me duelen las bocas cerradas
amarradas —desunidas—
me duele la cabeza medusa
mi cabeza de cristal
mi cabeza de todos los colores
de todas las semejanzas y las diferencias

III

He aprendido los lenguajes del miedo
He aprendido a caminar con las muletas de la tristeza
He aprendido a llevar mi corazón
apagado

lluvia

Para comenzar, salgo a ver la lluvia
que cae sobre mi pelo,
llueve sobre mi espalda, se congela en mis oídos y
todo se queda quieto.

Para comenzar:
la lluvia
que viene por mí,
barco que navega vertical
profundidad sin sombra
abrigo

OCÉANOS

Amarhelo

árboles a dentelladas
árbolos sin dientes
árbolas armadas

dejaron de ser
ciudades de dios

dejaron de ser
      colores
        dejamos de ser
        vivos
árboles a dentelladas
vienen
vendrán
vinieron
y se llevaron los colores
                    verdes
los olores   verdes
los plumajes   verdes
los nidos   verdes
las canciones   verdes
verde esmeralda
verde azul
verde amarillo
verde rojo
verde violeta
verde pardusco

255

verde amarelho
verde sinsonte
verde esperanza

se llevaron   a nosotros
              vos y yo
              aquel
              aquella

arrancaron a dentelladas
la vida   sin nosotros
               nosotros sin raíz
               los otros sin voz
y se fueron
con sus colores
verdes
soñaron a dentelladas
la herida
humana
y se fueron
sin nosotros
con sus colores
a nacer la vida
               sin nosotros

otro owl

el bosque aúlla
ternura
el lenguaje de la lágrima
           en el bosque
                 aúlla
              la luciérnaga
                      en el fuego
                      sus alas

abrazos no alcanzan para abrazar el bosque

sinnúmero el número
de árboles talados
quieto en el fondo del mar
mueve sus hojas el viento
solo vemos el viento
solo vemos el viento

tercer poema

sobre el agua
crece la ventana
madura
se abre la ventana
sobre el agua
se abre el pentagrama
y mi gata Nina concentra su cola
en el piano de Leng Tan
en los sostenidos
sin bemoles
en el largo adiós

el viento afuera
            adentro
de la ventana
oleajes de noche
pedazos de búho
se quiebra la noche
en una sola noche   laguna
verde mar   una sola luna
            nos acompaña

música y silencio

silenciosísimamente musicae

paso largos tiempos
largas temporadas
largos días sin escribir
no estoy escribiendo un poema

paso largos años sin palabras
el silencio me consume
me agrieta
me refugia y alimenta

toco las cuerdas del bajo para inventar más silencio
un Bach inesperado se asoma
silencioso y delicado
el oleaje de acordes que no se aprenden
me devuelven al fondo húmedo
a flotar en el silencio verde

muchas palabras
cuando no quería decir nada
solo tocar el silencio

palomilla

Esta noche caen muchas cosas
Una palomilla cae sobre mi mano que escribe
sus alas tienen delicadas filigranas de sol y oleajes
                                        esmeralda
me observa con sus ojitos negros

Salta al borde del papel y puedo sentir latir su
corazón
(si yo me cayera de ese acantilado se destrozaría mi
                                        vida, le digo)
pliega sus alas y se queda quieta
no deja de mirarme

Ha pasado un minuto o la mitad de nuestra vida
Logro tocarla con la punta del dedo
¡y sale volando!

Tardaré un poco

voy a devolver el viento
voy a soplar el tiempo
voy a escribir en una larga tira de papel
todas las sangres
voy a tragar esta sed de piedras
voy a vomitar dolor las más verdes hojas que guardé

voy a responder con saliva
al óxido que me corroe la voz
voy a responder con mi piel brillante
a la polvareda y la ceniza

tardaré un poco
voy a hundirme
a mezclarme en mi propia sangre de espuma
profunda más que transparente única

tardaré un poco
voy a recordar las muertes
voy a encontrar el vidrio roto
dentro de mis venas
una floración extraña de mi corazón

¿ves cómo todo se acaba y además
llorar no sirve?

Yo quería que me acompañaras a ver la luna
tirarnos sobre el zacate húmedo de san josé de la montaña
imaginar un hilo transparente que me levanta y me
desaparece
entre las nubes
un gran mar sin memoria en el cielo
una gran cabeza vacía de sentir y pensar.

Un minuto

me quedo quieta
tratando de definir qué siento
qué sienten las cosas que respiran conmigo

si dejo de pensar no me piensan
es indefinible levantarse y caminar por un minuto
si dejo de pensar nada se piensa
soy como un cadáver que la gente olvida

si respiro y pienso
es mediodía y pronto será medianoche,
las cosas, es decir, el mundo, la vida,
comienzan a despertarse y no les importa
si existo o sigo olvidada

Otras

es un poema lleno de turbulencias internas
se puede oír el criiiiic y el craaaac
de las palabras cuando las atornillan unas a otras

hay sílabas que no se dejan usar
murmuran entre sí que no les gusta este trabajo de estar en
                        un poema lleno de herrumbre y cosas viejas
de pasado
de prehistorias tristes
en fin, que no les gusta ser parte de la vida humana
tal y como la vivimos
les gustaría más bien que las unieran para formar palabras
transparentes como el aire puro que ya no existe en la tierra
como el agua que se esfumó
como los árboles y los animales que sobreviven
en el corazón de otras palabras que viven en planetas
remotos

palabras y sueños
dedos que escriben sentimientos herrumbrados
palabras que ya no quieren vivir
sueñan con ser pájaros, árboles, dantas, tortugas de una isla
desconocida en medio de una vía láctea de otro sol y otro
                                                            cielo
palabras que vibren en bocas verdaderas
las palabras ya no quieren ser violentadas para decir, sentir y
                                escribir viejas mentiras

me dicen las palabras que no vale la pena
no sirve
no quieren
vivir en esta vida
tal y como la vivimos.

La sangre de los sueños

Hoy domingo me pasó por encima un domingo como
                          los domingos de antes,
cuando ningún día era domingo.

Fue —es— un día —una noche
nublada —lloviznada— y en cierto momento me sentí
                en una carcasa —en un cementerio
con mis muertos
solo míos

Con mis muertos enredados en mis ropas
en mis ojos en mis zapatos
en mis sábanas en mis palabras
en mis sueños
en mi respiración

Con mis muertos
solo míos
hablando por mí
saliendo de mi boca
dirigiendo mis pasos
por la cocina
mi mano en el plato
el jarro de café con leche
la ensalada, la ventana—

mis cuatro paredes una carcasa
llena de muertos

cada minuto de este domingo
transcurrió en el silencio
de un cementerio—

el problema es
que mi voz es incapaz de darle
nombre a cada uno de mis muertos —todos son yo

todos son ya —ahora
durmiendo en mí—

el problema es
que mis muertos no se van
tal vez sienten que no los dejo irse
pues caminan en los hilos de mi aire

Este año ha sido ese largo domingo
de encontrarme.

Aire

Estoy buscando
la sombra de las palabras
en el aire
y me ahogo
estoy buscando el borde
de las palabras en mi aire
y no tengo dedos

estoy buscando la boca de la palabra madre
por donde desaparecí

estoy envolviéndome
en hojas como un caracol de tierra

estoy buscando la palabra sol
que me recueste
y acompañe

estoy buscando la palabra
agua
que me sostenga
que me lleve no al camino sino al río

Necesito aire
mi corazón seco
mi garganta seca
el mar
la lluvia
la escritura de agua
por donde camino
        aire

Diluvios

A veces de noche
—sal— el corazón se rompe

el pecesito partido en dos
de la carnicería

y solo necesito
una palabra para
escribir la lluvia

ÍNDICE

CONTRACANTO (1981)

MARIPOSA ENTRE LOS DIENTES (1991)

I PARTE

CRUCE DE VIENTOS (2005)

I ATMOSFERATUS

silencio sobre el agua

II SUEÑOS

III I AM A POET IN THIS RIVER
OF TOO MANY PEOPLE

OCÉANOS

© Encino Ediciones
San José, Costa Rica
encinoediciones@gmail.com

Las tipografías utilizadas en este libro fueron creadas por Jorge de Buen Unna (México, 1959. Diseñador gráfico, licenciado en Ciencias de la Comunicación. Maestro en las carreras de Diseño Gráfico y Ciencias de la Comunicación en la Universidad Anáhuac).

Caliente (para los exteriores), fue diseñada para exhibir un diseño muy compacto y caracterizado, claramente distinguible de las fuentes sans-serif condensadas convencionales. Tiene una modulación conspicua y un contraste de medio a alto. Ambas características rara vez se observan entre las fuentes ordinarias de su tipo. Conserva su fuerte personalidad incluso en tamaños muy pequeños.

Unna (para los interiores), es una letra amable, cuyo carácter se expresa a través de suaves remates así como un intenso contraste, ocasionando la típica textura vertical de las fuentes neoclásicas. *Unna* es el apellido de la madre del diseñador.